Das Prinzip der Liebe

Heinrich Beck

Das Prinzip der Liebe

Ein philosophischer Entwurf

PETER LANG

Bibliografische Information der Deutschen Nationalbibliothek
Die Deutsche Nationalbibliothek verzeichnet diese Publikation in
der Deutschen Nationalbibliografie; detaillierte bibliografische
Daten sind im Internet über http://dnb.d-nb.de abrufbar.

Coverabbildung: © benjavisa \ Fotolia.com

ISBN 978-3-631-73962-4 (Print)
E-ISBN 978-3-631-73963-1 (E-PDF)
E-ISBN 978-3-631-73964-8 (EPUB)
E-ISBN 978-3-631-73965-5 (MOBI)
DOI 10.3726/b13196

© Peter Lang GmbH
Internationaler Verlag der Wissenschaften
Berlin 2018
Alle Rechte vorbehalten.

Peter Lang – Berlin · Bern · Bruxelles · New York ·
Oxford · Warszawa · Wien

Diese Publikation wurde begutachtet.

www.peterlang.com

Gliederung

Einleitung: Die Frage nach dem „Prinzip" und die Trilogie der Prinzipien – des „Prinzips Hoffnung", des „Prinzips Verantwortung" und des „Prinzips Liebe"

Unter „Prinzip" versteht man dasjenige, woraus etwas hervorgeht: ein Seiendes, eine Erkenntnis oder ein Handeln. In der Rückführung auf ein „Prinzip" drückt sich der Versuch aus, die Wirklichkeit „gründ-lich", „von Grund auf", zu verstehen und zu bewältigen.

In jüngster Zeit wurden vor allem zwei Prinzipien aufgestellt: das *„Prinzip Hoffnung"* in dem gleichnamigen Werk des Neo-Marxisten *Ernst Bloch*[1] und das *„Prinzip Verantwortung"* in dem Werk des Friedenspreisträgers des deutschen Buchhandels *Hans Jonas*[2]; auf diesem Hintergrund verdeutlicht sich unser *„Prinzip Liebe"*. Die Trias dieser Prinzipien folgt einer gewissen Logik.

Nach *Ernst Bloch* ist es die Hoffnung, die den Menschen in seinen täglichen Geschäften antreibt und leitet. *Bloch* bezeichnet sie als konkrete und fruchtbare „Utopie". Sie schließt ein Wissen um das Potential ein, ein besseres Leben zu führen, das frei ist von Demütigung und Entfremdung. Dafür muß der Mensch sich aber seiner noch nicht ausgeschöpften Möglichkeiten bewußt werden. Diese kommen zum Beispiel in der Kunst zum „Vor-schein", der so eine „onto-dynamische Bedeutung" zukommt.

Das objektiv-real Mögliche gründet nach *Bloch* zutiefst in der kosmischen Materie, die – hier greift er auf *Aristoteles* zurück – von sich aus noch keinerlei bestimmte Form besagt, sondern lediglich die Ermöglichungsgundlage für alle Formen ist. Sie ist „reine Möglichkeit" und bedeutet ein „dynamisches Hinsein auf immer mehr Verwirklichung", wie sie in der Evolution geschieht. Der Mensch setzt durch seine Technik bestimmte Bedingungen für die Entstehung von Formen, wobei er sich in den Dienst der eigen-schöpferischen Kraft der Materie stellt. Die kreative Potenz der Materie ergibt sich aus der „dialektischen Spannung" zwischen der unbegrenzten Möglichkeit, die die Materie darstellt, und ihrer stets nur begrenzten Verwirklichung in den Formen des Seins und des Lebens unter den Bedingungen von Zeit und Raum; durch diesen „ontologischen Widerspruch" drängt die Weltmaterie über jeden erreichten Status ihrer

---

1   Berlin 1954
2   Frankfurt/M. 1979

Verwirklichung hinaus. Insbesondere steht, wie *Karl Marx* es beschrieben hat, die kapitalistische Verfassung unserer Gesellschaft aufgrund ihrer individualistischen Egozentrik und ihres Klassensystems, das auf Ausbeutung und Unterdrückung ausgerichtet ist, im Widerspruch zur Natur des Menschen; denn diese ist von ihrer materiellen Grundlage her auf unbegrenzte Gerechtigkeit und Humanität angelegt. So trägt die kapitalistische Gesellschaft den Keim ihres „revolutionären Umschlags" in eine sozialistische Gesellschaftsordnung in sich, in der die individuellen Unterschiede zugunsten einer sozialen Gerechtigkeit und Gleichheit relativiert sind. Aus dieser der Geschichte „immanenten Dialektik" begründet sich die Hoffnung auf einen „kreativen Sprung" der Menschheit zu einer höheren Form von Menschlichkeit und Freiheit.

Die Erfahrung des Scheiterns solcher „Hoffnung" bereitet aber den Nährboden für eine Ablösung vom „Prinzip Hoffnung". Sie geschah in dem genannten Werk von *Hans Jonas: „Das Prinzip Verantwortung. Versuch einer Ethik für die technische Zivilisation."*

Jonas geht davon aus, dass aufgrund des rapide wachsenden, nicht nur konstruktiven, sondern auch destruktiven Potentials der modernen Technik der Fortbestand der Menschheit und des Lebens überhaupt bedroht ist. Deshalb muß das Prinzip, der ethische Maßstab des Handelns, die Sorge um das Leben sein. So wandelt sich der „kategorische ethische Imperativ" *Immanuel Kants* zu einem auch „ökologischen Imperativ". Von daher entwickelt *Jonas* eine „Heuristik der Furcht". Die Forderung von „Nächstenliebe", die im Mittelpunkt der traditionellen Ethik stand, reicht nicht mehr aus; es geht vielmehr auch um „Fernstenliebe".

Für die Konkretion von „Verantwortung" ist eine Hauptaufgabe die Abschätzung der Folgen von technischen Innovationen. Während diese bisher unmittelbar eingesetzt werden durften – so lange bis sich schädigende Wirkungen zeigten –, ist nun zu fordern, dass sie erst dann anzuwenden sind, wenn ihre Unschädlichkeit vorher mit hinreichender Sicherheit erkannt worden ist. Das „Prinzip Hoffnung" von *Ernst Bloch*, wonach das Gute und Überlebensnotwendige sich zwangsläufig – mit „dialektischer Notwendigkeit" – durchsetzen würde, wird von *Hans Jonas* als „naive Utopie" bezeichnet.

Damit steht nun eine Auseinandersetzung mit beiden Prinzipien an. Sie führt zur Aufstellung eines „*Prinzips Liebe*", wobei besonders der zugrunde liegende *Begriff von „Liebe*" genauer zu bestimmen ist.

„Liebe" läßt sich in einem engeren und in einem umfassenderen Sinne verstehen. Im ersteren Falle ist sie die Hinneigung zu einer Person mit dem Willen, ihr Gutes zu tun und sich mit ihr zu vereinigen. Darüber hinaus kann der Begriff aber auch eine allgemeine Ausrichtung auf das Gute meinen; darin ist das erstgenannte Verständnis aufgehoben und sein Nerv hervorgehoben. So zeigt sich, dass sowohl in „Hoffnung" als auch in „Verantwortung" zutiefst Liebe am Werke ist: Denn *Hoffnung* zielt auf etwas in der Zukunft liegendes Gutes (hier konkret: auf einen menschlicheren und freieren Zustand der Menschheit) und will selbst etwas Gutes für den Hoffenden sein; und ebenso ist das Thema von *Verantwortung* das Gute, das es zu wahren gilt (nämlich das Leben der Menschheit wie auch der Natur im Ganzen), und sie versteht sich selbst als etwas Gutes für den, der Verantwortung übernimmt. Liegt also dem „Prinzip Hoffnung" und dem „Prinzip Verantwortung" letztlich das „Prinzip Liebe" zugrunde und kommt es in diesen beiden Prinzipien zum Ausdruck? Es scheint: Hoffnung und Verantwortung gehen aus der Liebe hervor; und sie ergeben sich als Forderung der Liebe.

Dabei zeigt sich, dass das Gute, um das es geht, auch den Charakter des Erfüllenden, wenn nicht Beglückenden hat. Es befriedigt den, der es tut, im Gewissen und steht zu ihm in einer tiefen Entsprechung; bei der Liebe handelt sich um einen Vollzug und einen Affekt von höchstem geistigen Rang.

Von daher ist die Sicht der Hoffnung bei *Bloch* und ebenso die Sicht der Verantwortung bei *Jonas* entscheidend zu ergänzen.

Zur Begründung der Berechtigung von Hoffnung reicht nämlich ein „dialektischer Materialismus" nicht aus. Der in der Hoffnung angestrebte „höhere Zustand" bedeutet ja ein qualitatives Plus an Sein; dieses kann aber nicht von dorther kommen, wo es (noch) gar nicht ist. Die gedankliche und emotionale Antizipation und dialektische Hinspannung auf dieses neue Sein bedeutet ja nicht schon seine Wirklichkeit, sondern höchstens eine besondere Disposition, es zu empfangen – aus einer Quelle, in der es schon voraus-enthalten ist und aus der es geschenkt werden kann. Dies weist in eine Richtung, die bereits *Plato* angedacht hat: Es weist hin auf ein sich verströmendes Gutes (Agathon), das vor und über aller Zeit steht, auf das Göttliche; *Plato* versteht es als reine, sich gebende und sich mitteilende Liebe. Somit begründet sich Hoffnung aus einer (zumindest unausdrücklichen) Kooperationsbereitschaft des Menschen mit dem Göttlichen, das in der Evolution und in der Geschichte wirksam ist.

Damit erschließt sich zugleich – über die Sicht von *Hans Jonas* hinausgehend – eine dialogische Dimension von „Verantwortung": Der Mensch erlebt sich unter einem permanenten Anruf, einer Heraus-forderung, der er zu ant-worten hat. Es scheint, dass „Ver-antwortungs-bereitschaft" durch die sich beschleunigende Entwicklung der Technik geradezu „erzwungen" wird: Denn wenn der Mensch sich in vordergründigen egozentrischen Zielen verschließt, so entstehen Übel, die das eigene Wohl und letztlich die Fortexistenz des Lebens überhaupt betreffen;

sie üben einen steigenden „Leidensdruck" aus. Das heißt: Der Mensch ist genötigt, mit der technischen Entwicklung moralisch Schritt halten; er wird künftig entweder besser, das heißt verantwortlicher oder überhaupt nicht mehr sein. So kann man von einer „Pflicht zur Öffnung gegenüber der göttlichen Seinsquelle" und einer „Pflicht zur Hoffnung auf das Gute" sprechen. Sie schließt die Entscheidung ein, entsprechend der Liebe zu handeln und dann zu vertrauen.

Damit profiliert sich der *Begriff von „Liebe"*, der in der Hoffnung und im Verantwortungsbewußtsein lebt: Sie besagt nicht nur ein Gefühl, sondern vor allem *eine bewußte, auf das Gute ausgerichtete Haltung, die sich in Handlungen verwirklicht.* Diese schließt die Bereitschaft ein, sich ansprechen, bewegen und ergreifen zu lasssen und bedeutet eine persönliche Zuwendung und existentielle Hingabe. Emotionen können der erste Schritt sein, aber entscheidend ist, wie man mit ihnen umgeht.[3]

So verstandene „Liebe" wird zwar kaum jemals vollkommen zu realisieren sein. Doch es lohnt sich, sich anzustrengen und alles daran zu setzen, – wenn sich Liebe als umfassendes Prinzip erweisen läßt.

In diesem Horizont ist „Liebe" zunächst und grundlegend (I.) als „Prinzip des Seins" in den Blick zu fassen. Da sich das Sein aber im Erkennen und im Handeln entfaltet und verwirklicht, ist anschließend (II.) nach Liebe auch als Prinzip des Erkennens und (III.) nach Liebe als Prinzip des Handelns zu fragen.

---

3 *Immanuel Kant* reduziert die Liebe auf eine rein sinnliche Affektion. Deshalb könne nicht sie das Prinzip des sittlichen Handelns sein, sondern nur die „praktische Vernunft". *Friedrich Schiller* antwortet darauf mit dem bekannten Spottvers: „Gern dient' ich den Freunden, doch tat ich es – leider – aus Neigung. Drum wurmt es mich, dass ich nicht tugendhaft bin!" (Vgl. auch unseren Teil II,3,a.)

I. Liebe als Prinzip des Seins

Das Thema soll in *fünf Schritten* behandelt werden: In einem *ersten* geht die Frage auf einen absoluten all-umfassenden Grund des Seienden; dabei kommt das Göttliche als schöpferische Liebe in den Blick. Daraufhin ist in einem *zweiten* Schritt zu fragen, wie die Existenz des Übels und des Bösen mit einem all-liebenden und all-mächtigen Gott vereinbar ist. *Drittens* kann sich Liebe als das Aufbauprinzip des Seienden und der Seinsordnung erweisen. *Viertens* sollen Ehe und Familie ins Auge gefaßt werden, die sich ihrer Natur nach als Urverkörperung der Liebe und als Keimzelle des Lebens darbieten. Schließlich – *fünftens* – ist der Begriff der „Familie" in analoger Weise noch auf die umgebende „Heimat" auszudehnen, die als Einheit von Gemeinschaft, Kultur und Natur Geborgenheit und Hoffnung stiften kann; sie ist auch der Ort von Religion.

1. Die Frage nach dem absoluten Seinsgrund der Evolution

Was gibt uns Anlass, nach einem absoluten Seinsgrund zu fragen?

Es ist wohl die Erfahrung der Zeitlichkeit, des Entstehens und Vergehens und der Veränderlichkeit des Seienden. Nach allgemeiner Auffassung der modernen Naturwissenschaft befindet sich die Welt als „das Insgesamt des in Raum und Zeit Seienden" in beständiger Evolution. Dieser Begriff ist a) zunächst zu betrachten, soweit er rein *naturwissenschaftlich* erstellt ist; anschließend b) ist *philosophisch* nach ihrer Seinsgrundlage zu fragen.

a) Die naturwissenschaftliche Sicht

Der naturwissenschaftliche Begriff der Evolution umfasst zwei Elemente:

aa) eine *zeitliche Sukzession* vom Einfacheren und „Niedrigeren" zum Komplexeren und „Höheren". Dies gilt jedenfalls für die großen Etappen; im Einzelnen können immer wieder „Rückschritte" erfolgen. Am Anfang war nur materielle Energie und leblose Masse; darauf folgte das Lebendige, und zwar zunächst die *vegetativ* daseiende und noch (relativ) bewußtlose Pflanze, dann das mit *sinnlichem Bewußtsein* ausgestattete Tier und zuletzt der *geistbegabte* Mensch. Diese Aussagen fußen auf heute unbestrittenen Erkenntnissen: vor allem der Physik (in bezug auf die kosmische Energie) und der Paläontologie (in bezug auf das Leben). Demnach sind in den ältesten Gesteinslagen nur pflanzliche und primitive tierische Fossilien zu finden, in jüngeren dann auch höhere und erst in den spätesten Schichten die Hinweise auf den Menschen.

bb) Ein weiteres Element des naturwissenschaftlichen Begriffs der Evolution lautet: Das der Zeit nach Fühere ist auch die Bedingung, ohne die das Nachfolgende gar nicht entstehen könnte. Das „Material", aus dem das Komplexere entsteht, mußte offenbar erst durch einfachere Formen entsprechend „vorbereitet" werden. Diese Bedingung verhält sich nicht lediglich *passiv*, sondern auch *ursächlich*: Denn durch laufend neue Kombinationen von Atomen und Molekülen (Gen-Mutationen, Erbsprünge) bilden sich immer wieder komplexere Strukturen, die dann als „Verhaltensprogramme" (im Sinne von „genetischen Informationen") das weitere Geschehen steuern. Damit stellt sich Evolution in biologischer Sicht als voranschreitende „Selbststeuerung" oder „Selbstorganisation" der Materie dar; am Anfang steht ein scheinbar zufälliges Zusammentrefffen materieller Teileinheiten.

b) Die philosophische Frage

Es stellt sich nun die *philosophische Frage nach der Seinsgrundlage der Evolution.* Dabei wird sich zeigen, dass das in der Evolution jeweils zeitlich vorangehende Niedrigere nicht der zureichende Ursprung des nachfolgenden Höheren sein kann.

aa) In einem *ersten Schritt* ist aber zunächst der *Unterschied zwischen den einzelnen Etappen der Evolution* noch näher zu charakterisieren.

Die belebte Materie, wie schon eine *Pflanze*, verkörpert im Vergleich zu einem anorganischen Gebilde einen neuen und höheren Sinn-gehalt. Sie stellt keine bloße Addition oder Summe von Einheiten dar, die so auch unabhägig voneinander bestehen könnten. Sondern sie ist vielmehr eine in sich geschlossene Einheit, die sich in eine Vielfalt von Teil-Einheiten (wie Wurzeln, Stamm, Blätter) ausgliedert, die in Lage, Form und Funktion vom Ganzen her bestimmt sind; so bildet sie eine *ganzheitliche Gestalt*, die als solche nicht teilbar ist. (Was geteilt werden kann, ist nur die zugrunde liegende Materie, aber nicht die Seinsform des Lebewesens; ein abgeteiltes Blatt z. B. ist nicht eine „kleinere" Pflanze.) Der geschlossenen Struktur entspricht die *Funktionalität:* Mit ihren Funktionen ist die Pflanze „ein sich auf sich selbst beziehendes Subjekt": Zum Beispiel beim Wachstum oder oder bei Heilungsprozessen sind Ursprung und Ziel identisch; die vegetativen Lebensvollzüge sind „rück-bezüglich".

Die Pflanzen drücken durch ihre ganzheitliche Struktur und ihre vegetativen Funktionen im Vergleich zur ursprünglich leblosen Materie eine größere Einheit und Fülle, ein voll-kommeneres Sein aus; dasselbe gilt für die höheren *Tiere* aufgrund ihres sinnliches Bewußtseins im Vergleich zu den Pflanzen. Während ein rein vegetatives Lebewesen nur sein eigenes Leben vollzieht, ist in die „Innerlichkeit des sinnlichen Bewußtseins" auch anderes Seiendes einbezogen.

12

Wenn z. B. ein Fuchs einem Hasen nachspürt, so umfasst die Vorstellung des jagenden Tieres bereits die Beute und die räumliche Entfernung zwischen beiden ist „überbrückt". Ebenso ist sein Jagdverhalten von früheren entsprechenden Erfahrungen schon geprägt; Vergangenes wird im sinnlichen Gedächtnis aufbewahrt. Und auch der künftige Augenblick, da die Beute erreicht sein wird, ist bereits antizipiert und steuert die Bewegungen des Fuchses. So wird im sinnlichen Bewußtsein eine reiche Vielfalt intentional umfaßt und räumliche und zeitliche Distanz überwunden.

Indem sich die Vorstellungen und Instinkte auf das begehrte Objekt richten, fühlt das Tier aber auch sich selbst in seiner Begehrlichkeit; sein Selbstbefinden ist Triebfeder und Richtmaß seines Verhaltens. Sinnliches Bewußtsein begründet somit nicht nur eine Einheit mit dem Anderen als einem Anderen, sondern auch des sinnlichen Subjekts mit sich selbst.

Der *Mensch* schließlich bedeutet nicht nur eine graduelle Steigerung des tierischen Daseins; bei ihm kommt vielmehr noch eine weitere Seinsqualität hinzu, die eine wesentlich höhere innere Einheit ausdrückt: Es ist ihm bewußt, dass er *ist* (und ebenso: der Mitmensch, die Natur usw.). Er tritt sich selbst *als einem Seienden* gegenüber; Ich-sagen ist gleichsam ein Du-sagen zu sich. So ist der Mensch in seinem geistigen Bewußtsein bei sich selbst, beim eigenen Sein (wie auch beim Sein der Dinge). Daraus ergibt sich die Möglichkeit der *Selbstbestimmung* und einer willentlichen Selbst-verfügung (wie auch des Verfügens über anderes). Von daher ist der Mensch „*Person*"; denn das in sich stehende, das „selb-ständige" Subjekt von geistigem Selbst-bewußtsein heißt Person, (hergeleitet von lat. per-sonare = durch-tönen des Seins *als Sein*).

Der Unterschied des geistigen gegenüber einem nur sinnlichen Bewußtsein läßt sich auch an der äußeren Wahrnehmung verdeutlichen: Ein schräg ins Wasser gehaltener Stab erscheint dem Auge an der Schnittstelle gebrauchen; wir wissen aber, dass er in Wahrheit gerade ist. Der Geist ist über die sinnen-fällige Erscheinung hinaus fragend und urteilend auf das Sein gerichtet: auf das eigene, auf das der Dinge und zutiefst auf ein absolutes Sein, in dem alles letztlich gründet. Er sucht das Insgesamt des Seienden als eine gestufte Viel-Einheit „von Grund auf" zu begreifen.

So zeigt sich in den großen Etappen der Evolution von der leblosen Materie bis zum Menschen ein Aufsieg zu einer immer komplexeren Einheit und zu vollkommenerem Sein.

bb) Daran schließt sich nun als *zweiter Schritt* unerer philosophischen Betrachtung *die Frage, woher* das im Zuge der Evolution neu auftauchende *Mehr an Sein jeweils kommt.* Denn es ist wohl einsichtig, dass etwas nicht von dorther kommen kann, wo es noch gar nicht ist. Das heißt, im Bilde gesprochen: Die Materie verhält sich zu den im Weltprozeß entstehenden Formen wie ein leeres Gefäß zu seinem Inhalt; sie bedeutet deren Möglichkeitsgrundlage, aber noch nicht ihre Wirklichkeit. Also ergibt sich: Die in der Welt zunehmende Sinnfülle verlangt als Quelle ein transzendentes Sein.

cc) Zu diesem Ergebnis – und darüber hinaus – führt auch eine noch grundsätzlichere Überlegung: Die Welt kann sich nur entwickeln, wenn sie gleichzeitig existiert; ihre Existenz ist nicht erst Produkt, sondern schon Voraussetzung und Grundlage ihrer Entwicklung. Diese ihre Grundlage ist aber ein zeitliches Ereignis; z. B. kommt die Existenz, die sie in „Zu-kunft" hat, erst noch auf sie zu. Sie kann dabei aber keinesfalls aus nichts kommen. Dies weist auf einen *umfassenden transzendenten Seinsgrund hin, aus dem her die Existenz der Welt in aufsteigender Fülle laufend zuströmt*, im Sinne einer „creatio continua".

Alles, was von ihm ausströmt, muß in ihm aber irgendwie voraus-enthalten sein. Dies gilt gerade auch für die Personaliät, die den Menschen auszeichnet. So aber ist er in seinem Sein nicht als etwas Unter-personales und Un-persönliches zu betrachten, sondern als sich mitteilende und verströmende personale Liebe.

Dabei empfängt er als all-umfassende Seinsquelle sein Sein nicht von einem Anderen her, das heißt, er ist in seinem Sein „un-bedingt". So heben sich die Konturen einer letzten geistig-personalen Wirk-lichkeit heraus, die der Mensch als ein „Du" ansprechen kann. Damit ist ein philosophischer Vor-begriff von „Gott" gewonnen – im Sinne eines *unbedingten personalen Seienden*.

Dies hat eine unmittelbare praktische Konsequenz: Denn die im Gewissen erfahrbaren moralischen Forderungen – z. B., dass man sich un-bedingt gerecht und menschlich verhalten soll – lassen sich dann im Grunde als ein An-ruf des Un-bedingten selbst verstehen; nur so ist un-bedingte „Ver-antwortung" letztlich begründet. Durch eine diesem An-spruch ent-sprechende Ant-wort bringt der Mensch sich selbst in einen gerechteren und menschlicheren Zustand; so bedeutet der im Gewissen sich aufbauende Dialog mit dem Un-bedingten eine partnerschaftliche „Kontinuation der Kreation".

Der Ausstrom des vielen und begrenzten Seienden aus Gott läßt sich in etwa durch einen Vergleich mit dem Licht veranschaulichen, das durch ein Prisma gleitet, wodurch eine Vielzahl von Farben – rot, gelb, blau usw. – entspringt. Ähnlich wie der verschiedene und begrenzte Lichtgehalt der Farben in dem einströmenden reinen Lichtweiß als einfache und unbegrenzte Lichtfülle „voraus-enthalten" ist, so der ausgefächerte Seinsgehalt der Welt in der integralen Vollkommenheit Gottes.

Zur weiteren Explikation: „Sein" ist vom Menschen und von der Welt mit nur begrenztem Recht aussagbar, von Gott aber – und von ihm allein – mit uneingeschränkter Wahrheit; er ist „das Sein selbst", wie z. B. *Thomas v. Aquin* formuliert, das heißt im Hinblick auf seinen personalen Charakter: Gott ist das „Sein in Person".

Das selbe gilt auch von den sogenannten „reinen Seinsvollkommenheiten". Unter diesen versteht man Seinsqualitäten, die nicht von sich aus irgend eine Unvollkommenheit oder Begrenztheit besagen, wie Leben, Bewußtsein und die geistigen Tätigkeiten, z. B. geistiges Erkennen und Lieben. Indem Gott „das Sein in Person" ist, ist er auch „das Leben, die Wahrheit, die Macht und die Liebe in Person".

Insbesondere wird der Zusammenhang deutlich: Seins-möglich ist etwas dadurch, dass „Sein" in es einströmen kann – aus Gott her. Sofern aber Gott alles ausströmen lassen und hervorbringen kann, was überhaupt seins-möglich ist (und das heißt real: von ihm als dem „Sein selbst" her möglich ist), zeigt er sich als „die All-macht".[4]

2. Vereinbarkeit der Existenz des Bösen mit einem allmächtigen und liebenden Gott?

a) Der Einwand

Die genannte Frage, die sich als *Einwand* gegenüber der dargestellten Argumentation erhebt, ist als das so genannte „Theodizeeproblem" in die Geschichte eingegangen: Wie ist der Begriff eines all-mächtigen und all-liebenden Gottes angesichts der physischen und moralischen Übel in seiner Schöpfung zu rechtfertigen? Schon in der griechischen Antike (z. B. bei *Sextus Empiricus*, der auf der Schule der Epikuräer – ca. 300 v. Chr – fußt) wurde das Dilemma formuliert: Entweder Gott *will* die Übel in der Welt nicht verhindern, obwohl er es könnte – dann ist er möglicherweise allmächtig, aber nicht allgütig. Oder aber er *kann* sie nicht verhindern, obwohl er es wollte – dann ist er vielleicht allgütig, aber nicht allmächtig. Auf keinen Fall also existiert ein allgütiger und allmächtiger Gott.

b) Die Erwiderung

Darauf ist läßt sich *erwidern*: Das Übel stellt einen Defekt am Seienden dar, der nicht statthaben sollte: sowohl das Naturübel, wie z. B. die Blindheit, als

---

4   Vgl. zum Gesamtzusammenhang vom *Verf.*: Natürliche Theologie. Grundriss philosophischer Gotteserkenntnis, München-Salzburg 2. Aufl. 1988.

auch – und noch viel mehr – das moralische Übel oder das Böse, wie z. B. eine freiwillig zugefügte Ungerechtigkeit; insbesondere das Böse bedeutet eine Verzerrung der geistigen Verfassung der Person. Darum kann es nicht in dem absolut vollkommenen Gott ,vorausenthalten' sein und folglich auch nicht aus ihm herkommen.

Wiederum in einem Vergleich gesprochen: Ein leuchtender Gegenstand ruft in einem Spiegel sein Abbild hervor. Wenn nun die Spiegelfläche durch eine widrige Beschaffenheit die Gestalt des Gegenstandes nicht in angemessener Weise aufnimmt und wiedergibt, so entsteht ein verunstaltetes Spiegelbild; vgl. z. B. ein auf Jahrmärkten oft zu zu sehendes „Lachkabinett". Alles was in dem Spiegelbild an Gestaltähnlichkeit enthalten ist, kommt von der Lichtquelle; seine Defizienz jedoch verdankt es dem Zustand des Spiegels. Entsprechend ist zu sagen, dass die Übel durch eine nicht sinn-gemäße Rerzeption einer aus der göttlichen Quelle herströmenden sinnhaften Seinswirklichkeit ,kon-stituiert' werden. Im Falle des Bösen, das in einer sinn-widrigen, auf Zerstörung ausgerichteten Willenshaltung besteht, handelt es sich um ein verantwortungsloses Verhalten, um einen Mißbrauch geschöpflicher Freiheit.

Gewiß: Der Mensch könnte das Böse nicht ausführen, wenn er dabei nicht von Gott im Sein getragen würde. Damit tut Gott selbst aber nichts Böses. Denn die Bosheit besteht nicht im Überhaupt-Sein der bösen Person, sondern in ihrem So-Sein und So-Handeln.

Aber immerhin: Gott ermöglicht der betreffenden Person die böse Handlung, indem er ihr gleichzeitig ein Da-Sein zufließen läßt, das gerade auch diese Handlung umfasst – was er zweifellos auch unterlassen und so das Böse verhindern könnte; damit fällt das Argument gegen seine Allmacht.

So steht noch der Enwand gegen seine Güte und Liebe: Wären Gründe denkbar, aus denen heraus es einem unendlich gütigen Gott entspräche, die böse Handlung zuzulassen, indem er ihr die notwendige Daseinsgrundlage gibt?

Ein erster Grund könnte darin liegen, dass der Schöpfer die von ihm geschaffene Freiheit auch dann achtet, wenn sie nicht sinngemäß betätigt wird. Aber dieses Motiv dürfte kaum ausreichen – insbesondere nicht angesichts des Ausmaßes der zerstörerischen Folgewirkungen, unter denen auch die Mitwelt und die Natur zu leiden haben.

So könnte sich als ein weiterer Grund für die Zulassung von Übeln durch Gottes Güte und Liebe der göttliche ,Vor-blick auf das Gute' anbieten, zu dem der Mensch provoziert werden soll, um die besagten Leiden (und ihre böse Ursache!) zu überwinden. Zum Beispiel löst ein rücksichtsloses Gebaren gegenüber der Natur Gefahren für die Fortexistenz des Lebens aus, die den Menschen zu einem verantwortungsvolleren Verhalten geradezu „zwingen". Könnte hier eine erzieherische Ab-sicht der Vor-sehung am Werke sein, welche laufend mehr zum Guten hin motivieren will? Der Grund für die Zusassung von Übeln wäre dann die Bewegung zu einem noch essentielleren Guten.

Worin aber dieses besteht, läßt sich oft schwer sagen. Das Problem steigert sich im Hinblick auf die entsetzlichen Leiden schuldloser Menschen, etwa bei Kriegen, Seuchen oder Naturkatastrophen. Jedenfalls könnte ein positiver Umstand sein, dass der Mensch so auf seine Kontingenz und Abhängigkeit hingewiesen wird und auf die Bedeutung von geistigen Werten wie Achtsamkeit und Liebe, die dem Leben einen tieferen Sinn zeigen.

3. Die Liebe als das Aufbauprinzip der Seinsordnung

a) Das Spannungsfeld von Liebe und Evolution

Der Liebe als dem Prinzip des Gebens, des Sich-Mitteilens und Sich-Verströmens, worin *Plato* das Wesen des Guten, des „Agathon" sah, entspricht das Hin- und Emporstreben zum Guten und Erfüllenden und zu seiner Erscheinung im Schönen, der platonische Eros. (Dieser ist also nicht die Liebe, sondern die Sehnsucht nach Liebe; er ist ursprünglich auch nicht allein auf den sexuellen Bereich und den Ergänzungsgegensatz der Geschlechter bezogen, sondern grundsätzlicher und allgemeiner gefaßt.) Demgegenüber versteht *Aristoteles* das Gute als das, wonach alle von Natur aus streben und worin sie ihre Voll-endung, ihre volle Identität finden. Damit begegnen sich die Sichtweisen des Guten bei *Plato* und *Aristoteles*: Wäre das Gute nicht ein Sich-Gebendes und Sich-Verströmendes, so würde es umsonst erstrebt.

Von beiden „Polen" her erweist sich die Liebe als der Ursprung und das Aufbauprinzip der Seinsordnung. Wie sich gezeigt hat (in I,1), ist *der Evolutionsprozeß der Welt von einem Weniger zu einem Mehr an Sein gerichtet. Das heißt, „von oben" betrachtet, die göttliche Seinsquelle kommt mehr und mehr ins Geben, betätigt sich immer voll-kommener – in die Materie absteigend – als sich verströmende Liebe. Dem entspricht, gleichsam „von unten her" betrachtet, ein laufend wirksameres Emporstreben und Emporsteigen des Seienden zur göttlichen Seinsquelle in sich vertiefender und weitender Bereitschaft zur Seinsempfängnis.* Die Übel und das Böse in der Welt, die als Indispositionen und Verschließungen gegenüber dem von Gott her angebotenen Sein, als „Liebesverweigerung" zu verstehen sind, können zum Teil (wie in I,2 erwähnt), als sinnvolle „Zulassungen und Herausforderungen der Vorsehung auf dem Wege der Evolution" gedeutet werden. Damit erweist sich die Liebe im Zusmmenwirken ihrer „oberen" und „unteren"

Quelle als Ursprung einer sich aufbauenden Seinsordnung; sie bedeutet eine Einheit, eine „Ana-logie" und gegenseitge Ent-sprechung des Seins in der Verschiedenheit und Vielfalt des Seienden. So dient das Pflanzenreich als Daseins- und Nahrungsgrundlage der Tierwelt, und diese der Erhaltung von Pflanzenarten, z. B. mit den Blumen bestäubenden Insekten.

Nach *Aristoteles* besagt die kosmische Materie die Möglichkeitsgrundlage für jedwede Form des Seins und des Lebens; Möglichkeit aber ist auf Verwirklichung hingeordnet. Damit zielt die Materie auf immer tiefere und weitergehende Verwirklichung in der aufsteigenden Formenkette der Evolution. Ebenso entspricht es wohl Gott als der „Liebe in Person", das Sein im Maße des Möglichen, das heißt im Maße der Aufnahmefähigkeit der empfänglichen Materie mitzuteilen. So stellt sich Evolution als Ergebnis einer „Kooperation" von Gott und Geschöpf dar.

b) Der Ursprung des Menschen; die Geschichte der Kultur

In dieser Perspektive gelangte z. B. der Biologe und Philosoph *Hans André* (1891–1966) zu einer höchst bedeutsamen *ontologischen Fassung des Ursprungs des Menschen*[5]. Nachdem im vormenschlichen Stadium der Evolution – beim Menschenaffen – neue Eigenschaften entstanden waren, die von der Substanz eines Tieres nicht mehr getragen werden konnten, war eine maximale dispositive Annäherung an die nächsthöhere Seinsform, an die des geistbegabten Menschen, erreicht. Damit konnte aus der göttlichen Quelle in den „Seinsakt" des Tieres ein neuer Seinsimpuls einströmen, der die Fassungskraft des bloßen Tierwesens transzendierte und ein Menschenwesen begründete. Das heißt: Der Mensch kommt nicht aus der begrenzten *Wesenspotenz* des Tieres, sondern aus dessen *Seinsakt*, der permanent von Gott her zuströmt. Das Tier zeugt den Menschen – kraft göttlicher Einwirkung; und zugleich: Gott erschafft den Menschen – durch sein seins-mitteilendes Wirken im Sein des Tieres. In dieser

---

5 Vgl. vor allem sein 3-bändiges philosophisches Hauptwerk: Vom Sinnreich des Lebens – Eine Ontologie gläubiger Wurzelfassung, Salzburg 1952; Wunderbare Wirklichkeit – Majestät des Seins, Salzburg 1955; Anäherunng durch Abstand – Der Begegnungsweg der Schöpfung, Salzburg 1956. - Dazu vom *Verf.*: Natur – Geschichte – Mysterium. Die Materie als Vermittlungsgrund der Seinsereignung im Denken von Hans André (in: *Ders.*, Der Akt-Charakter des Seins. Eine spekulative Weiterführung der Seinslehre Thomas v. Aquins aus einer Anregung durch das dialektische Prinzip Hegels, 2. ergänzte Aufl. Frankfurt/M. 2001); und *ders*.: Hans André. Artikel für das Handbuch des literarischen Katholizismus im deutschsprachigen Raum des 20. Jahrhunderts, hsg. von Thomas Pittorf u.a., vorauss. Berlin u.a. 2018.

Perspektive läßt sich annehmen, dass das Tier im Vollzug der Zeugung des Menschen tendentiell sich an den Menschen hin-gibt und so sich selbst in seinem Tierwesen auf- und hinauf-gibt, und dass darin Gott sich zur Schöpfung herab-neigt und von seinem Sein in sie hinein-gibt, um sie mehr und mehr zu sich emporzuziehen.

Dieses „unvermischte Zusammenspiel von göttlicher Erst-Ursächlichkeit und geschöpflicher Zweit-Ursächlichkeit" in der Evolution der Natur setzt sich nach *André* fort in der Geschichte der Kultur. Hier tritt noch deutlicher zu Tage, dass die Bildung einer jeweils reicheren Form die Auflösung der bisherigen Form des Seins und damit einen Zustand der Entbehrung und Bedürftigkeit voraussetzt. Durch ihn wird das Seiende disponiert, sich zu einer tieferen Empfänglichkeit zu öffnen. Dabei führt der Weg oft durch Leiden. So konnte auf das Elend des dreißig-jährigen Krieges eine „himmlische Herrlichkeitserfahrung" in den Prachtbauten des Barock folgen.

Andrés Schau der Evolution und der Geschichte kulminiert im chrsitlichen Glaubensmysterium. Demnach empfängt die Jungfrau Maria in ihrer Hingabe an Gott dessen „Wort" und gebiert es leibhaftig in der Person Jesu Christi. Sie versteht sich dabei als „arme Magd" und stellt sich Gott bedingungslos zur Verfügung. In ihr bietet der Mensch dem Schöpfer eine totale Empfänglichkeit an, damit er sich in sie hineinschenken möge. So ereignet sich eine intensivste „dialogische Bewegung" von „unten nach oben" und von „oben nach unten". Je mehr das Geschöpf in seine Armut zurücktritt und im Vertrauen sich öffnet, desto reicher kann göttliche Fülle einströmen und Gott sich in seiner Liebe erweisen. *André* findet für diese Struktur des Geschehens die Formulierung: „Reichtum wie durch Mangel" und: „Annäherung durch Abstand".

c) Kreativer Friede als „Ziel" der Geschichte?

Wir können unsere Betrachtung abschließen durch einen Blick auf die gegenwärtige politische und kulturelle Weltkrise. Es scheint, dass eine respektvolle Zusammenkunft und gegenseitige Verständigung der verschiedenen Nationen und Kulturen in einem *„kreativen Frieden"* für die Menschheit letztlich überlebensnotwendig ist. Denn wenn die Verantwortungsbereitschaft mit der rasanten Entwicklung der Technik und ihres auch destruktiven Potentials nicht Schritt hält, so wächst die Gefahr einer universellen Zerstörung oder gar einer kosmischen Katastrophe. So könnte der Weg der Liebe zu ihrer maximalen Verwirklichung durch die Herausforderung eines alternativ drohenden maximalen Übels begünstigt werden. Als angemessene Antwort erscheint jedenfalls weder ein verzweifelter Pessimismus noch ein gleichermaßen naiver Optimismus, sondern die Entscheidung zu einer *Grundhaltung der Hoffnung*, die auch eine persönliche Einsatzbereitschaft einschließt.[6]

4. Ehe und Familie als Urzelle der Liebe

Dieser „kreative Friede" sollte in Ehe und Familie eingeübt werden. Beide erscheinen in der Natur des Menschen angelegt und insofern eine „Gabe der Natur"; sie bedeuten aber ebenso auch eine „Auf-gabe". Letztlich sind sie eine Fortsetzung der göttlichen Seinsurheberschaft im menschlichen Bereich und von dieser getragen.

Diese „göttliche Seinsurheberschaft" macht sich in besonderer Weise in der zwischenmenschlichen Beziehung geltend. Der Mensch sucht beim Du Verständnis, Akzeptanz, Liebe und Geborgenheit – Qualitäten, die von sich aus keinerlei Begrenzung besagen. Da Mit-Menschen als begrenzte Wesen sie aber nur begrenzt verkörpern können, sucht er in ihrem „Hintergrund" zutiefst Gott. Das wäre aber nicht möglich, wenn er nicht durch sie hindurch von Gott angezogen und bewegt würde[7]. Dies geschieht umfassend in der Partnerschaft der Geschlechter und der Generationen; sie gewinnt Gestalt in Ehe und Familie. „Ehe" wird in „Familie" fruchtbar; so kommen beide als eine Sinn-Einheit in den Blick – ohne dass damit gesagt sein soll, dass der „Sinn von Ehe" sich darin erschöpfen würde, in eine Familie überzugehen. Wir betrachten (a) die Ehe und (b) die Familie.

a) Ganzheitlicher Begriff von „Ehe"

Zunächst: „Ehe" wird hier von einem philosophischen Ansatz her verstanden – der sich nicht mit Auffassungen decken muß, wie sie in einzelnen Kulturen kursieren und in deren Gesetzesbestimmungen zum Ausdruck kommen. Denn faktisch werden „Ehen" vielfach zu nur vordergründigen und partiellen Zwecken geschlossen, aus rein wirtschaftlichen oder gesellschaftlichen Interessen – wobei

---

6   Daraus wird deutlich, dass „Liebe" vielfach von Negativität ausgeht, worauf *Uwe Meixner* hinweist, in: Liebe und Negativität, Münster 2017: Liebe kann Sein stiften und zum „Prinzip des Seins" werden, indem sie *Negativität überwindet*, wie Schuld vergibt, zur Heilung von Krankheit beiträgt und in üblen Verhältnissen oder Mangelzuständen zum Durchhalten stärkt. Liebe hängt auch mit Negativität zusammen (und kann an ihr sogar wachsen), wenn sie vom Liebenden Opfer verlangt oder wenn jemand für Andere sein Leben hingibt; Beispiele: Verteidigungskrieg, Kreuzestod Jesu (dort bes. S. 109 ff.). Vgl. auch III,3a, aa.

7   Vgl. dazu: *Martin Buber*: Ich und Du, Leipzig 1923.

der Mensch *als Mensch* ausgeklammert ist. Dieses Ausklammern sensibilisiert für einen *menschlich ganzheitlichen Begriff von Ehe,* der die Ehe als Lebensgemeinschaft auffasst, die die körperliche, seelische und geistige Dimension des menschlichen Seins umfasst. Damit tritt eine klassische philosophische Definition hervor, die *die „Ehe" als eine dauernde, verantwortliche und verlässliche Verbindung von Mann und Frau bestimmt: zur gegenseitigen Ergänzung und Lebenshilfe – wie auch zur körperlichen Zeugung, seelischen Beheimatung und geistigen Erziehung von Kindern, also zur Gründung einer Familie.*[8]

Vor diesem Hintergrund stellt sich die Frage, ob alle Ehen im Sinne des bürgerlichen Gesetzes diesen Namen verdienen, und ob manche Beziehungen, die im Ansehen der Gesellschaft als „wilde Verhältnisse" gelten, einer „wahren Ehe" nicht näher sind.

aa) Die Grundlage für diesen Ehebegriff stellt die *menschliche Natur* dar: Diese zeigt die genannten drei Dimensionen. Darin ist eine spezifische Struktur der Liebe ausgedrückt: Das seelisch-geistige Innere ist darauf angelegt, sich zu „ver-leiblichen", im Körperlichen aus-zudrücken und sich zu geben und an die Welt und vor allem an einen anderen Menschen hin-zugeben (wobei es unter Umständen erst seine volle menschliche Wirklichkeit, seine „Bewährung" und „Bewahrheitung" erfährt).

Die wesenhafte Ausprägung der menschlichen Natur in zwei entgegengesetzten Geschlechtern zeigt an, dass diese Anlage auf gegenseitige leiblich-seelisch-geistige Ergänzung ausgerichtet ist und so eine beide Partner umfassende „Lebens-Ganzheit" aufbauen soll. Infolge der (relativen) Einheit des Menschen entspricht dabei dem Körperlichen in gewisser Weise auch das Seelische und Geistige. Das bedeutet, dass beim Mann die Bewegungsrichtung des Aus-sich-Herausgehens und „Objektivierens", bei der Frau aber die des In-sich-Hineinnehmens und „Subjektivierens" akzentuiert ist; entsprechend ist die Denkweise des Mannes eher abstrakt,

---

8 Vgl. *Michael Rumpf (Hsg.)*: Klassische Texte zur Ehe, Berlin 2010. Demnach fordert *Plato* „Kinder- und Weibergemeinschaft", weil diese am besten der „Idee einer Einheit des Seins" entspricht; *Aristoteles* ist dagegen, weil sie der „menschlichen Natur" widerspricht; nach *Augustinus* ist die Ehe ein inter-peronales Gut, auf das aber um der noch höher stehenden Liebe zu Gott willen u. U. verzichtet werden kann; nach *Immanuel Kant* dient die Ehe einer Kanalisierung der Triebe sowie der Zeugung und Erziehung von Kindern und ist sie ein reiner Rechtsvertrag im Sinne der „praktischen Vernunft". - Vgl. auch: *Heinrich Beck, Arnulf Rieber*: Anthropologie und Ethik der Sexualiät. Zur ideologischen Auseinandersetzung um körperliche Liebe, München – Salzburg 1982; bes. Kap. 13: Ethik der Ehe und der nicht-ehelichen Sexualität, S. 267–203.

die der Frau eher konkret[9] Dies besagt keinen Wesens- und Wertunterschied, *wohl aber einen typischen Unterschied, bei dem Übergänge möglich sind.* Mann und Frau sind von ihrer menschlichen Natur her gleichrangig – nämlich mit der Fähigkeit ausgestattet, sich selbst zu bestimmen; aber sie haben ihre menschliche Natur in „polar engegengesetzter" Weise und bilden darin einen „Ergänzungs-Gegensatz". Eine (in manchen Kulturen antreffbare) Perversion des Ergänzungsverhältnisses zu einem Unterwerfungsverhältnis stellt eine Herabminderung des menschlichen Seins dar, die eine echte Partnerschaft unmöglich macht und so beiden Seiten schadet.

Aus dieser Auffassung menschlicher Identität folgt nun eine *Reihe weiterer Eigenschaften* eines würdigen Eheverhältnisses, die im Folgenden anzusprechen sind (bb–gg).

bb) Der Mensch ist als Träger einer Natur mit einer *geistigen Seinskomponente* wesentlich *Person* und hat von daher die Möglichkeit und Aufgabe einer freien und verantwortlichen Selbstbestimmung. Daraus ergibt sich, dass eine Ehe in ihrem Sein dadurch *begründet wird, dass die Partner in persönlicher Entscheidung sich einander verbindlich zusprechen.*

cc) Dies sollte in der Regel vor einem Vertreter der Gesellschaft erfolgen, denn die Eheleute sind auf Leistungen der Gesellschaft angewiesen (wie rechtlichen Schutz, gemeinsame Wohnung etc.) und haben deshalb auch *Vepflichtungen gegenüber der Gesellschaft.* Diese Bedingung könnte unter Umständen – aus schwerwiegenden Gründen – aber auch unterbleiben.

dd) Das *Sexualleben* sollte Ausdruck personaler Liebe und Zuwendung und von Verantwortung getragen sein. Ein Anspruch auf sexuelle Bereitschaft des Partners kann deshalb nur bedingt erhoben werden – unter Berücksichtigung von dessen seelischer Disposition und Freiheit. Denn „Sexualität" ist nicht etwas nur Triebhaftes, sondern auch eine Aussage. Der menschliche Wert des sexuellen Geschehens „ex-pliziert" sich im Alltag, wie umgekehrt dessen Inhalt in der sexuellen Begegnung im-pliziert und ver-dichtet sein kann.

ee) Der Ehe als einer ganzheitlichen Beziehung entspricht auch das Wagnis eines uneingeschränkten gegenseitigen *Vertrauens.* Da dieses so nur in einem ausschließlichen Zweierverhältnis möglich sein dürfte, legt sich als angemessene

---

9   Vgl. dazu auch die phänomenologische Schau des Psychologen und Philosophen *Philipp Lersch:* Vom Wesen der Geschlechter, München 4. Aufl. 1968.

Form der Ehe die Verbindung nur eines Mannes mit nur einer Frau nahe, also die so genannte „*Einehe*".

ff) Wenn die Ehe in der menschlichen Natur ihre Grundlage hat, die in zwei entgegengesetzten Geschlechtern zur beiderseitigen Ergänzung aufeinander angelegt sind, so ist sie *ihrem Wesen nach eine hetero-sexuelle Beziehung*. Vielfach wird die Forderung erhoben, eine homo-sexuelle oder lesbische Beziehung der Ehe öffentlich-rechtlich gleichzustellen. Sicher besteht kein Grund für eine moralische Abwertung oder „Diskriminierung" der betreffenden Personen, wenn die Liebe echt und von gegenseitiger Achtung getragen ist. Dies darf jedoch nicht darüber hinwegtäuschen, dass hier eine Diskrepanz vorliegt; während z. B. ein Mensch aufgrund seines männlichen Körpers eindeutig auf die Frau angelegt ist, fühlt er sich seelisch auf den Mann bezogen. Das wäre in der Diskussion unbedingt bewußt zu machen, wenn auf die menschliche Qualität von homosexuellen Paarbeziehungen und auf Zerrformen heterosexueller Beziehungen und Ehen hingewiesen wird.

gg) Demselben Aspekt des Ganzheitlichen entspricht es, dass die *Entscheidung definitiv* gemeint ist; sie ist ihrem Sinn nach nicht nur auf eine vorübergehende Zeit ausgerichtet. Eine „Auflösung" würde voraussetzen, dass der Sinn der Ehe, die gegenseitige Hilfs- und Ergänzungsbereitschaft, *irreversibel* nicht mehr gegeben ist: etwa, indem die Partner sich nur noch verachten, demütigen und in ihrer Menschenwürde schädigen. Der Anschein einer solchen Entwicklung könnte zum Anlaß werden zu überprüfen, welche Motive der Eheschließung zugrunde lagen. Hier könnte die Liebe aus ihrer göttlichen Quelle als „Seinsprinzip" neu zum Tragen kommen.

b) Familie

Nach diesem Erhellungsversuch kann nun der 2. Teil unserer Betrachtung über „Ehe und Familie als Urzelle der Liebe" in den Blick gefasst werden. Denn „*Ehe*" *ist von ihrer sexuellen Basis her auf „Familie" hingeordnet.* Zwar kann sexuelle Aktivität auch völlig unabhängig von ihrem Einsatz zur Zeugung von Nachkommen einer Steigerung der Lebensfreude dienen; aber es ist nicht zu leugnen, dass die Geschlechtsorgane in ihrer biologischen Beschaffenheit und Funktion auf Zeugung ausgerichtet sind. Sexualität ist ja in der Evolution des Lebens zur Ermöglichung von „Fort-pflanzung" hervorgebracht worden. So führt die „Sinnanalyse" der Ehe zur Familie.

„Familie" versteht sich als Lebensgemeinschaft von Eltern und Kindern. Auf der Grundlage der gegenseitigen Liebe der Eltern sollte (aa) die Liebe der Eltern zu den Kindern und (bb) die Liebe der Kinder zu den Eltern erwachsen.

aa) Die Liebe der Eltern zu den Kindern entspricht und entspringt ihrer Natur nach ihrer gegenseitigen Liebe zueinander. Denn die Liebe zielt auf die Einheit der Partner; diese wird im Kinde fruchtbar, fasst in ihm eigenen Stand und wird *sub-stantiell*, das heißt: Sie führt zu einer selb-ständigen Person. Das Kind ist der Zusammenfluss des Lebens und Wesens der Partner in einer neuen Person, ihre personifizierte Einheit. So ist es von der Natur intendiert als das gemeinsame Gute der beiden Partner, durch das ihre Einheit voll-endet werden soll. Dabei dient es ebenso auch der Fortexistenz und Weiterentwicklung der Menschheit, indem es die Verwirklichung einer neuen Möglichkeit menschlichen Seins darstellt.

So ergibt sich eine spezifische Bedeutung des Kindes für die Ehe der Eltern. Aufgrund seiner Herkunft eignet ihm eine Wesensähnlichkeit zu beiden Eltern. So hat es für sie einen gewissen „*Offenbarungscharakter*": Jeder der Partner lernt Wesenszüge des anderen, die für ihn bisher undeutlich oder gar unverständlich waren und die nun im gemeinsamen Kinde klarer hervortreten, besser sehen, akzeptieren und einbergen. So schenkt die Frau dem Mann nicht nur das Kind, sondern sich selbst im Kind, nun vereint mit dem Wesen des Mannes; oder sie schenkt dem Mann sein eigenes Wesen neu, vermischt mit ihrem eigenen Wesen. Indem sich die Partner im gemeinsamen Kinde einander tiefer öffnen und schenken, sind sie in ihm noch mehr miteinander verbunden. Soweit dieses ontische Verbunden-Sein ins persönliche Bewußt-Sein aufgenommen und mit dem Herzen gefühlt und akzeptiert wird, kann daher das Kind in Krisenzeiten die Ehe neu motivieren und im Grenzfalle sogar als „Ehekitt" fungieren. Die Partner werden damit durch ihre Anforderung seitens des Kindes in ihrer Ehe gestärkt und zu ihr ermutigt.

Damit *durchläuft die Ehe in ihrer Entwicklung* gewissermaßen *3 Stadien*: ein „anfängliches" Stadium, bevor Kinder da waren, ein „mittleres" Stadium, in dem ihr Leben sich ganz auf die Kinder kon-zentrierte, und ein „finales" Stadium, nachdem die Kinder aus dem Haus sind, wobei eine Verarbeitung und Verinnerlichung der Familien-Erfahrung die Ehe zu noch größerer Reife führen kann.

So bedeuten die Kinder für die Eltern einen *neuen „Lebensimpuls"* und zutiefst auch eine *göttliche „Daseinsbestätigung"*. Denn sie werden von den Eltern nur *gezeugt*, aber *nicht erschaffen*: Jedes Kind ist als individuelle Person einmalig und hierin nicht von seinen Eltern herleitbar; ich bin z. B. nicht lediglich eine Fort-setzung oder neue Kombination der „Iche" meiner Eltern, sondern eine ihnen gegenüber andere Ich-Identität. Insofern ich aber etwas Neues bin, ist mein Seinsgehalt nicht in ihnen „voraus-enthalten". Also lässt sich sagen: Während ich von meinen Eltern gezeugt werde, werde ich von Gott in der Einmaligkeit meines

Ich-seins und Überhaupt-seins erschaffen; der Zeugungsakt meiner Eltern wird vom Schöpfungsakt Gottes gleichsam „unterfasst".[10]

Das Kind bedeutet für die Eltern aber auch eine existentielle Herausforderung. Indem sie dieser sich zu stellen und ihr zu entsprechen suchen, gewinnen sie die Chance, ihre Ehe zu vertiefen und noch mehr zu sich selbst zu kommen. So werden sie der etwaigen Gefahr eines „Egoismus zu zweit" entrissen und zur Arbeit an sich selbst und zu noch mehr „Selbst-verwirklichung" gerufen. Dabei gilt allerdings, dass die Eltern durch Kinder menschlich nur begrenzt belastbar sind. So stellt sich – auch im Hinblick auf das Wohl des Kindes – das Thema einer veratwortlichen „Geburtenkontrolle".[11]

Es zeigt sich: Das Streben der ehelichen Liebe nach verbindlicher Gemeinsamkeit des Lebens kann sich grundlegend verwirklichen und erfüllen in der gegenseitigen Ergänzung und Lebenshilfe der Partner, darüber hinaus aber zu noch vollerer und reiferer Wirklichkeit kommen durch die Zeugung und Erziehung von Kindern.

Die Beziehung der Eltern zu den Kindern wird herausgefordert durch die Verpflichtung der *Erziehnng*. Die Erziehung bedeutet grundlegend einen Lebens-Zuspruch an das Kind; sie lebt aus der elterlichen Liebe zu den Kindern und stellt in gewissem Sinne eine Fortsetzung der körperlichen Zeugung auf seelischem und geistigem Gebiet dar. Wenn der Mensch für sein Handeln verantwortlich ist, so erstreckt sich die Verantwortung für die Zeugung von Kindern auch auf deren Erziehung – eine Aufgabe, die somit von Natur aus den Eltern zusteht und nur im Grenzfalle (z. B. bei absoluter Unfähigkeit der Eltern) von Anderen oder vom Staat übernommen werden darf.[12]

---

10 Hier setzt sich – mutatis mutandis – das fort, was über das Zusammenwirken von Gott und Geschöpf bei der Hervorbringung des Menschen im Zuge der Evolution gesagt wurde. Vgl. die Darstellung der Sicht von *Hans André* unter I,3,b.

11 Vgl. *Heinrich Beck, Arnulf Rieber*: Anthropologie und Ethik der Sexualität…(a a O), hier bes.: Kap. 14: Familienplanung und Geburtenkontrolle als Problem der Verantwortung, 303–331.

12 Somit kommt Maßnahmen von seiten anderer oder des Staates im Normalfalle nicht die Funktion zu, den Eltern ihre Verantwortung abzunehmen (und sie so praktisch zu entmündigen), sondern sie zu unterstützen und zu ergänzen. Ebenso folgt aber auch auf seiten der Eltern die Pflicht, solche Hilfen und Angebote in Anspruch zu nehmen und durch permanente Weiterbildung und Selbsterziehung die Voraussetzungen für die eigene Wahrnehmung der Erziehungsverantwortung zu verbessern. - Vgl. zum Gesamtzusammenhang vom *Verf.* (Hsg.): Philosophie der Erziehung, Freiburg/Br. - Basel – Wien 1979.

Sinnwerte, um die sich die Eltern bemühen – wie Liebe und Freude, Offenheit, Tapferkeit usw. – teilen sich dem Kinde „über-zeugend" mit. Sie werden am „Vor-bild des Lebens der Eltern" vom Kinde konkret wahrgenommen und beim Bildungsprozess in der eigenen Person „nach-gebildet". In der „Er-ziehung" läßt es sich von ihnen „empor-ziehen". Der wesentliche Unterschied gegenüber einer blossen „Dressur" ist, dass hier der junge Mensch als solcher ernst genommen und persönlich angesprochen wird, so dass er sich von den Eltern her immer mehr in eigene Kraft und Verantwortung übernehmen kann.

Dabei mag auch der geschlechtsspezifische Unterschied der Eltern zur Geltung kommen. Der Vater hat als Mann aufgrund seines akzentuiert sachlich-objektivierenden Verhältnisses zur Wirklichkeit gegenüber dem Kinde meist mehr Distanz und die Fähigkeit des Los-lassens, während die Mutter als Frau mehr persönlich-subjektivierend angelegt ist und damit dem Kinde als solchen näher ist.[13] (So ist es von Bedeutung, dass in der Erziehung „hinter" der Mutter der Vater steht und die Beziehung des Vaters zum Kinde durch die unmittelbarere Teilnahme der Mutter „menschlich ergänzt" wird; kein Elternteil ist durch den andern völlig „esetzbar".)

Dabei ist es wichtig, dass die Kinder und Jugendlichen die Gelegenheit erhalten, am Gespräch zwischen den Eltern teilzunehmen und so bei den Argumentationen und elterlichen Entscheidungen, von denen sie dann betroffen sind, selbst mitzuwirken. Das heißt: Die Familie wird zur *Vorschule einer lebendigen Demokratie*, in der jeder im Maße seiner Verständigkeit und Einsatzbereitschaft mitzubestimmen hat. Es bildet sich ein „kreativer Friede" heraus, der die geistige Auseinandersetzung einschließt.

bb) Damit ist *die Liebe der Kinder zu den Etern* schon vorgezeichnet; sie ist die natürliche Antwort auf die von den Eltern empfangene Liebe. Das Kind lebt aus der Erfahrung, dass die Eltern ihre gegenseitige Liebe durch seine Person vollenden und erfüllen möchten und dass das Gelingen dieses Wunsches von ihm selbst, seinem freien Ja, wesentlich abhängt. Es fühlt sich dann von der gegenseitigen Liebe der Eltern her in seinem Selbstsein intendiert, d. h. „von Grund auf" ernst genommen, da es eben durch sein Dasein und die eigenständige Entwicklung seines Lebens diese zu beglücken vermag. So erwächst das Ja des Kindes zum eigenen Leben und zu den Eltern aus der Liebe der Eltern zueinander.

In dem Maße, als das Kind sich selbst annimmt und positiv entwickelt, ermutigt es die gegenseitige Liebe der Eltern, sei es auch teilweise in der Form

---

13 Vgl. unseren Hinweis in Anm. 6 am Schluß von I,3,c. Entsprechend gilt oft der Vater als das „Haupt" und die Mutter als das „Herz" der Familie.

einer kon-struktiven Kritik; es gestaltet so an deren Ehe mit. Sofern die Eltern aber sich gegenseitig nicht akzeptieren, fehlt ihnen die Grundlage, ihre Liebe durch das Kind ins Volle zu bringen, und diesem der Sinn-Ort; oder aber es könnte die katastrophale Tendenz entstehen, das Kind als „Ersatz" für die mangelnde Liebe des Partners zu „benützen". Indem das Kind das empfindet, gerät es von seinem elterlichen Ursprung her in einen existentiellen Zweifel an sich selbst, was seine seelisch-geistige Selbstfindung schwer behindern und Ursache einer Fehlentwicklung sein kann, durch die „Böses mit Bösem" vergolten wird – Auswirkung und „Rückspiegelung" eines Mißverhältnisses zwischen seinen Eltern. Eine wenn auch noch so minimale Liebe zum gemeinsamen Kind könnte dann die Eltern zu einer Neubesinnung auf ihr gegenseitiges Verhältnis motivieren.

Im Grenzfalle allerdings, in dem eine Ehe unwiederbringlich zerüttet erscheint, dürfte eine „Expatriierung" des Kindes, seine Zuordnung zu anderen Bezugspersonen, die einzig noch verantwortbare Lösung (wenn auch oft nur das „geringere Übel") darstellen.

Es zeigt sich: Das menschliche „Wachstum" des Kindes ist nicht das Ergebnis einer anonymen, naturwissenschaftlich bestimmbaren Gesetzlichkeit, sondern ein durch und durch dialogisches Geschehen zwischen ihm und seinen Eltern. So ist sein „Gehorsam" oder Ungehorsam gegenüber den *Erziehungsbemühungen* der Eltern zu verstehen. Es „hört" und antwortet gerne auf erfahrene Liebe; sein Gedeihen ist dann zutiefst sein „Lebens-dank". Ein Selbst-verschluss und eine Verweigerung aber sind vielfach als ein „Ruf nach noch mehr Liebe" einzuordnen – vielleicht verbunden mit dem Versuch, durch den Wider-stand gegen „elterlichen Zugriff" den eigenen Selb-stand zu erfahren und Selb-ständigkeit zu erproben.

Der Blick und der Lebensdank des Kindes richten sich aber letztlich und zutiefst *durch die begrenzte Macht und Liebe seiner Eltern hindurch auf die unendliche bergende Liebesmacht Gottes.* Das „göttliche Urbild" von Vater und Mutter wird ohne rationale Unterscheidung in den Eltern erschaut; das Kind schreibt ursprünglich seinen Eltern unbegrenztes Wissen, unbegrenzte Macht und unbrgrenzte Liebe zu und erlebt sie in absoluter Hoheit – bis ihre menschlichen Grenzen und Defekte erfahren werden und Protest- und „Trotz"-Reaktionen hervorrufen, – die aber dann ein erster Schritt zu einem „mündigeren Wirklichkeitsverhältnis" sein können.[14]

---

14 Vgl. am Anfang unserer Betrachtung über Ehe und Familie in Anm. 4 den Hinweis auf die Sicht *Martin Bubers*, wonach bei jeder Beziehung zum Mitmenschen

Zuammenfassend und abschließend läßt sich sagen: Die Liebesbeziehungen in Ehe und Familie bilden zusammen ein *ganzheitliches Energiefeld*, gleichsam einen „Regelkreis", bei dem alle mitwirken und aus dem allen zufließt. Insoweit sich die einzelnen Personen in diesen „multi-lateralen Dialog" einbringen, kann das Gefüge der Familie gleich einer komplexen und kontrastreichen Melodie „zusammen-stimmen" und als „Prinzip des Seins" große Strahlkraft entwickeln.

5. Heimat als Ausweitung der Familie und als Ort von Religion

a) Heimat

Ein solcher Begriff von „Familie" ist analog auch auf die „Heimat" auszudehnen; sie stellt *gleichsam als „Groß-Familie"* für den Menschen ein weiteres Seinsprinzip dar, aus dem er lebt und das ihm eine ursprüngliche Geborgenheit gibt (vgl. den Zusammenhang mit dem Wort „Heim"). „Heimat" umfasst die umgebende Natur und Kultur. Die Natur- und Kulturlandschaft kann dabei wie ein „gestalthafter Sinn-Ausdruck" wirken, der den Menschen an-spricht und zu einer Antwort auffordert.

In der „Groß-Familie Heimat" kommt der *Kulturtradition gewissermaßen die Rolle der Eltern* zu. Mit ihren Elementen, wie Philosophie, Religion, Kunst und Wissenschaft, Gesellschaft, Wirtschaft, Sitte und Ethik „zeugt" sie das geistige Antlitz des Menschen. Dies geschieht nicht ohne eigene Auseinandersetzung. Die Mit-Menschen – so zu sagen die „Geschwister" der kulturellen Groß-Familie – sind dabei wichtige „Ko-operateure".

Wesentlich für „Heimat" ist die von den Menschen erwiesene Achtung, Anerkennung und Wertschätzung; der „heimatliche Charakter der Natur" wird durch die in ihr erfahrene menschliche Liebe entscheidend mitgeprägt. Dies bestätigt sich nicht zuletzt am Problem der Flüchtlinge und Asylanten; sie erleben dort eine „neue Heimat", wo ihnen Mitmenschlichkeit entgegen gebracht wird.

---

im Hintergrund Gott mit-gemeint ist. Nach *Gustav Siewerth* ist insbesondere die Beziehung zu Eltern von einer „metaphysischen Schaukraft" des Kindes getragen; vgl. sein Werk: Metaphysik der Kindheit, Einsiedeln 1957 (2. Aufl. in der Sammlung „Horizonte" im Johannes-Verlag 1963). Vgl. dazu vom *Verf.*: Geborgenheit im Sein. Der philosophische Weg zu Gott in Gustav Siewerths ,Metaphysik der Kindheit' - komplementär zu Rut Björkmans mystischem Weg?, in: *Michael Schulz* (Hsg.), Menschenbild und humanisierende Bildung. Zur philosophischen Pädagogik Gustav Siewerths, Konstanz 2016.

b) Religion

Eine nicht zu unterschätzende Dimension von „Heimat" liegt in der „Religion", verstanden im Wortsinne von „re-ligere" bzw. „re-ligare" als Rück-bindung an Gott. Die „Wirk-lichkeit" von Religion ist hier zu werten, sofern sie Heimat zu geben vermag.

In dieser Hinsicht ist das Gemeinsame der drei monotheistischen Religionen Judentum, Christentum und Islam der Glaube und die Hingabe an Gott als den einen, all-wissenden und all-mächtigen Seinsgrund, der alles vergängliche Seiende trägt. Er steht hinter dem Schicksal des Menschen und will sein Heil.

Das Unterscheidende aber besteht darin, wie diese Eigenschaften – in erster Linie seine all-umfassende Weisheit, Güte und Liebe – in Erscheinung treten.

aa) Nach *jüdischer Auffassung* hat Gott sich in eine gschichtliche Beziehung zum Menschen eingelassen, wobei er einen „Messias" als Heilsbringer verheißen hat, der noch erwartet wird.

bb) Nach *christlichem Glauben* geht die Liebe bei Gott so weit, dass er „sich seiner Gottheit entäußert", wie Paulus sagt, in Jesus Christus selbst Mensch wird und sich mit der Not der Menschen eins macht, um ihnen einen Weg zum göttlichen Ursprungs zu öffnen. So tritt er zu den Menschen in ein „familiäres Verhältnis".

Zur näheren Erläuterung: Gott vollzieht in seinem ewigen Sein einen drei-personalen Liebesdialog: Er erkennt sich und drückt den Inhalt seiner Selbst-erkenntnis in einem „inneren Wort" aus, das er sich gegenüberstellt; damit kon-stituiert er in sich einen geistigen Begegnungsraum mit sich selbst. Diesen erfüllt er mit dem gemeinsamen „Heiligen Geist der Liebe". So hat er einen dreifachen Status: 1. als Sich-Aussprechender, 2. als von sich Ausgesprochener und in sich Hervorgetretener, und 3. als wieder In-sich-Hineingegangener. – Er bezieht in diesen innergöttlichen Dialog auch den Menschen ein und tritt damit zu ihm in ein *„familiäres Verhältnis"*. Denn das Wort, in dem Gott sich geistig auszeugt, „tritt aus seiner Gottheit heraus", indem es in Jesus Christus menschliche Gestalt annimmt, um den Menschen in sich hineinzuziehen. Der Mensch erhält so Anteil an seiner Gottes-Sohnschaft, wird „Kind Gottes" – und Gott macht sich zum „Vater" auch des Menschen. Der Prolog des Johannes-Evangeliums (Joh. 1,1 ff.) drückt es prägnant aus: „Am Anfang war das Wort, und das Wort war bei Gott, und Gott war das Wort", und weiter (Joh. 1,14): „Und das Wort ist Fleisch geworden und hat unter uns gewohnt".[15]

cc) Ein solches „familiäres Verhältnis" Gottes zum Menschen ist im *Islam* nicht gegeben. Denn Gott fordert vor allem „Unterwerfung" (was schon in der Bezeichnung „Islam" zum Ausdruck kommt). Das mag auch mit dem stärker „monistischen" Charakter der süd-östlichen, das heißt der afro-asiatischen Kultur zusammenhängen, der der Islam entstammt. Demgegenüber herrscht in der westlichen, das heißt der europäisch-amerikanischen Kultursphäre die Neigung zu einem „Individualismus" und „Pluralismus" vor (vgl.:III,3,c, bb und cc: Gegensatz und Begegnungsaufgabe von europäisch-amerikanischer und afro-asiatischer Kultur). So fordern sich das in Europa inkulturierte Christentum und der Islam menschlich heraus. Jedenfalls steht gegenüber aller Art von religiöser Selbstgenügsamkeit für *beide* Seiten eine dialogische Offenheit an. Dies wäre auch im Einklang mit dem Auftrag einer Heimat gebender „Religion".[16]

Es ist noch ein Blick auf die originär asiatischen Religionen des Hinduismus und des Buddhismus zu werfen, bei denen eine monistische Tendenz noch deutlicher hervortritt.

dd) Dabei zeigt der *Hinduismus* eine gewisse Entsprechung zur christlichen Drei-Einheitsauffassung der Gottheit, sofern dort das eine höchste Sein „drei Gesichter" hat („Trimurti"): Brahma, Vishnu und Shiva. *Brahma* wird als der „Schöpfergott" bezeichnet, als die unbegrenzte Ur-Einheit, aus der alles Viele und Begrenzte emaniert. *Vishnu* gilt als der „Erhaltergott", der das Viele und Begrenzte im Sein trägt; zu diesem Zweck hat er bereits mehrfach materielle Erscheinungsweisen angenommen, deren wichtigste Ram und Krishna waren, die

---

15 Vgl. vom *Verf.*: Dimensionen einer ganzheitlichen Entsprechung von philosophischer Vernunft und christlichem Glauben, in: *Ders.*, Dialogik – Analogie – Trinität, a a O., Kap. 19, 457–479.

16 Vgl. vom *Verf.*: Zur Idee eines kreativen Dialogs von Christentum und Islam, in: Aufgang. Jahrbuch für Deken, Dichten, Kunst, Bd. 13(2016)172-184. - Wie ein einseitiges Engagement für Vielfalt in der Gefahr einer letzten Gleichgültigkeit und Unentschiedenheit schwebt, so führt eine Forcierung der Einheit leicht zu einer Intoleranz, die vor Gewaltanwendung nicht zurückscheut. Tatsächlich gibt es im Koran Stellen, die zu einer solchen direkt auffordern (vgl. z. B. Sure IV,90; VII,37; VIII,13 – zit. nach der Koran-Ausgabe von W. Ullmann und L. W. Winter). Auch kann von einer Gleichberechtigung der Geschlechter nicht die Rede sein, und der Abfall vom Islam gilt als todeswürdiges Verbrechen. Doch drückt sich das Einheitsdenken des Islams auch in einer beispielhaften Gastfreundshaft aus. So kann „Offenheit" grundsätzlich zu interreligiöser Achtung, Lernbereitschaft und Liebe beitragen.

als Lehrer und Heiler auftraten und ein leiderfülltes Schicksal hatten. Eine gewisse Analogie zu Jesus Christus ist hier nicht zu verkennen. Der „dritte Aspekt" des höchsten Seins, *Shiva*, heißt der „Zerstörergott", weil er das Viele und Begrenzte in die unbegrenzte Einheit zurückführt und es dabei als solches „überwindet" und auflöst. Auch dies hat eine gewisse Parallele im christlichen Glauben, indem beim christlichen „Pfingstereignis" jeder Beteiligte die andern in seiner eigenen Sprache hörte (wobei die Unterschiede aber nicht aufgehoben wurden und das Geschehen ohne jede physische Gewalt stattfand). Bei einem Vergleich ist also immer der „monistische Charakter" des Hinduismus zu beachten; dieser drückt sich grundlegend auch darin aus, dass hier die verschiedenen Erscheinungen der Gottheit wie Mensch und Tier und alles Seiende mehr oder weniger ineinander übergehen. Für Angehörige des westlichen Kulturkreises mag es nicht leicht sein, auch in diesem Verständnis von „Einheit" eine Möglickeit religiöser Geborgenheit und Heimat zu sehen.

ee) In noch weiter fortgeschrittener Weise, die heute auch zunehmend im Westen Beachtung findet, zeigt sich ein monistisches Verständnis von „Liebe" im *Buddhismus*: Das individuelle Ich soll seine Begrenzung überwinden und unbegrenzte beseligende Freiheit erlangen, indem es sich selbst und alles Seiende für sein eigenes Bewußtsein „auslöscht". Dies geschieht vor allem durch mit-leidende Teilnahme am Anderen („compassion") und durch sogenannte „analytische Meditation". Darin wird gedanklich jedes Seiende un-endlich in Teile zerlegt: z. B. ein materieller Gegenstand in seine Moleküle, diese in Atome, diese in noch kleinere Elementarteilchen – bis nichts Gegenüberstehendes (auch nicht das eigene Ich) mehr übrig bleibt und das „Nichts" als unbegrenzte Freiheit und Harmonie (= „Nirvana") hervortritt. Ein Angehöriger westlicher Kultur wird allerdings die Frage stellen, ob hier nicht „Ich" und „Ich-verhaftung" zu unterscheiden wären. Eine einengende Ich-verhaftung muß auf dem Weg zur Befreiung und Freiheit sicher überwunden werden. Dies aber kann allein durch Liebe zu einem „Du" (und vor allem: durch antwortende Liebe zum göttlichen „Du") geschehen, durch das „ich selbst" mich gefordert und in meiner Einmaligkeit und Unvertretbarkeit bejaht erlebe. Wenn nicht meine Ich-verhaftung, sondern ich selbst überwunden werden soll, – gäbe es dann überhaupt noch ein Subjekt, das Freiheit und Seligkeit erfahren könnte?[17]

---

17 Vgl. die kulturphilosophischen Schriften: Vom *Verf.*: Kulturphilosophie der Technik. Perspektiven zu Techik – Menschheit – Zukunft, Trier 2. Aufl. 1979; *Heinrich Beck, Ismael Quiles* (Hsgg.), Entwicklung zur Menschlichkeit durch Begegnung westlicher und östlicher Kultur, Frankfurt/M. u a., 1988; *Heinrich Beck, Gisela Schmirber*

Man sieht, dass ein gegenseitiges sich Verstehen und Anerkennen eine ebenso problemträchtige wie wohl auch notwendige Aufgabe beinhaltet, vor die „Liebe als Prinzip des Seins" gestellt ist.

Die Religionen mögen noch so sehr verschieden sein; – sie kommen doch darin überein, dass sie letztlich das „Heil" des Menschen wollen, die „Ganzheit" seines Seins. An dieser Intention hat auch die *Medizin* teil.

Dabei ist zu unterscheiden: Nicht das „Medikament" heilt, sondern der Arzt, der sich des Medikaments bedient. Wesentlich dabei ist außer seiner Sachkompetenz auch seine menschliche Zuwendung, durch die er den noch gesunden Kern des Patienten, seiner menschlichen Natur anspricht und stärkt –, im Sinne der alten Weisheit: „Medicus curat, natura sanat!". So bestätigt sich:

Die Liebe ist das Prinzip des Seins in seiner Ganzheit.

(Hsgg.), Kreativer Friede durch Begegnung der Weltkulturen, ebd. 1995; vom *Verf.*: Europa – Afrika – Asien: Komplementarität der Weltkulturen, in: *Erwin Schadel* (Hsg.), Ganzheitliches Denken (Festschrift für Arnulf Rieber zum 60. Geburtstag), ebd. 1996; sowie vom *Verf.*: Was ist Europa? Europas kulturelle Identität und zwiespältiges Verhältnis zum Logos, in: *Ders.*, Dialogik – Analogie – Trinität, ebd. 2009.

Der Buddhismus könnte auch im Sinne einer sogenannten „negativen Theologie" verstanden werden, wonach von „Gott" keine positiven begrifflichen Aussagen gemacht werden dürfen, nicht einmal die, dass er „ist". Dann würde der Buddhismus die oben gegebene Defintion von Religion als „Rückbindung an Gott" erfüllen und ein Hinweis auf eine „mystische Erkenntnisweise" darstellen, die vom „Prinzip Liebe" geleitet ist. Jedenfalls zeigt sich bei der Frage nach der Rolle von Religion für eine Beheimatung des Menschen die Bedeutung einer kulturphilosophischen Reflexion.

II. Liebe als Prinzip des Erkennens

Der erste und grundlegende Teil unserer Betrachtung über „das Prinzip Liebe" war in fünf Schritten der „Liebe als Prinzip des Seins" gwidmet. Dabei zeigte sich immer schon die Bedeutung eines angemessenen Vollzugs des Aktes der Erkenntnis. Muß auch das Erkennen selbst von Liebe geleitet sein? Ist Liebe also auch ein „Prinzip der Erkenntnis"?

Wir gliedern in 3 Abschnitte: 1. das wesenhafte Verhältnis von Erkennen und Lieben, 2. das sinnliche Erkennen, 3. das geistige Erkennen.

1. Das wesenhafte Verhältnis von Erkennen und Lieben

Betrachten wir zunächst (a) die verschiedene Bewegungsrichtung beider Akte, und dann (b) deren Bedeutung für den „Akt-Charakter des Seins".

a) Die gegensätzliche Bewegungsrichtung beider Akte

Im Erkenntnisakt drückt sich das Seiende aus, geht es „aus sich heraus" und stellt es sich dar. Im Liebesakt hingegen, der es bejaht, wie es in sich selbst ist, geht es gewissermaßen „vollends in sich hinein" und kann es sich in seiner Identität vollenden. Beide verhalten sich somit in ihrem „ontologischen Bewegungssinn" richtungsgegensätzlich. Zusammen beschreiben sie eine Kreisbewegung, indem das Seiende durch den Erkenntnisakt „aus sich heraus-" und durch den Liebesakt „in sich hineingeht"; darin liegt eine gegenseitige Zuordnung und Ergänzung.[18]

---

18 Dieses Wechselverhältnis kennzeichnet beide Akte in ihrem Wesen und gilt deshalb für alle entsprechenden Seinsstufen, bei den Tieren als bloßen Sinnenwesen, beim geistbegabten Menschen und bei Gott. So sagt z. B. *Thomas v. Aquin*: „Unser Erkennen geschieht im Sinne einer Bewegung von den Dingen zur Seele; das Wollen (oder Lieben) aber gemäß einer Bewegung von der Seele zu den Dingen… Es ist also sowohl in uns als auch in Gott eine gewissen Kreisbewegung zwischen den Werken des Verstandes und des Willens; denn der Wille kehrt dorthin zurück, von wo der Verstand seinen Ausgang nahm." („Intelligere nostrum est secundum m o t u m a rebus ad animam; velle vero secundum m o t u m ab anima ad res…..Est ergo tam in nobis quam in Deo c i r c u l a t i o quaedam in operibus intellectus et voluntatis; nam voluntas redit in id a quo fuit principium intelligendi." Pot. q 9 a 9). - Zu dem verwendeten Ausdruck: „Bewegung" erläutert Thomas, er verstehe sich hier nicht im *eigentlichen* (und *engeren*), sondern in einem *weiteren* Sinne: „Sive accipiatur motus *proprie*, sicut motus dicitur actus imperfecti, id est, existentis in potentia; sive motus

Dabei eignet dem Erkenntnisakt gegenüber dem Liebesakt in der Vollzugsfolge ein Primat- und Prinzipcharakter, insofern das Seiende erst sich geöffnet haben und aus sich herausgetreten sein muss, damit es im Liebesakt bejaht werden und in sich hineingehen kann. Aber *in der Finalität verhält es sich umgekehrt*: Denn der volle Identitätsvollzug ist der notwendige Sinn, um dessentwillen das Seiende überhaupt in die Erkennbarkeit hervortritt; insofern ist die Liebe das Prinzip des Erkennens, das die Erkenntnis motiviert.

Wenn diese wesenhafte Zusammengehörigkeit von Erkennen und Lieben nicht beachtet wird, so kann es zur Selbstentfremdung beider Akte kommen. Denn es ist die Frage, ob ein von der Liebe getrennter, rein „sachlicher" Verstand das Seiende ganzheitlich wahrnehmen kann, da es sich ihm kaum darbieten und geben dürfte, wie es in seiner Tiefe ist. Wenn z. B. eine Kindergruppe in ihrem Verhalten wissenschaftlich analysiert werden soll, so wird sie durch eine nur von einer Seite durchsichtige Wand gegen den Blick der beobachtenden Psychologen abgeschirmt, damit sie in ihrer „Natürlichkeit" nicht beeinträchtigt wird. Und: Ebensowenig wie ein „liebloser Verstand", so dürfte auch eine „unverständige Liebe" das Seiende nicht wirklich erreichen. Weder bloße objektive „Sachlichkeit" noch eine rein subjektive „Liebe" sind der lebendigen Wrklichkeit gemäß.

Erkenntnis gelingt vollends nur als „liebende Erkenntnis", das heißt, wenn sie nicht in sich selbst völlig „kalt" ist und Liebe dann gegebenenfalls zu ihr als „etwas völlig Anderes und Fremdes" „wie von außen" hinzukommt, sondern wenn sie vielmehr schon *in sich selbst* ihren Gegenstand bejaht und so eine gewisse Verwandtschaft und Ähnlichkeit mit Liebe hat. Und ebenso: Liebe glückt allein, soweit sie nicht lediglich „nach reinen Vernunftprinzipien" „von außen her" bestimmt wird, sondern wenn sie (durchaus im Bewußtsein der äußeren Umstände!) eine Erkenntnis des Geliebten *als inneres Moment in sich selbst* hat. In diese Richtung weist die Auffassung von einer „intuitiven Fähigkeit des Herzens"; vgl. z. B. die Aussage des „Kleinen Prinzen" in dem bekannten gleichnamigen Werk von *Antoine de Saint-Exupéry*: „Man sieht nur mit dem Herzen gut!"[19]

---

accipiatur *communiter*, prout motus dicitur actus perfecti, prout intelligere et sentire dicitur moveri…" (S.theol. I q 18 a 1).

19 Vgl. die Darstellung des ontologischen Zusammenhangs bei *Erwin Schadel*: „Sehendes Herz (cor oculatum) – zu einem Emblem des späten Comenius. Prämodernes Seinsverständnis als Impuls für integral konzipierte Postmoderne" (Schriften zur Triadik und Ontodynamik, Bd. 21), Frankfurt/M. u a 2003. - Vgl. auch bei *Blaise Pascal* die Unterscheidung von „Geist des Feinsinns" (esprit de la finesse) und „Geist des (verrechnenden) Verstandes" (esprit de la raison).

Der Erkenntnis-*Akt* hat also in gewissem Sinne *auch* Liebescharakter (ohne dass der beschriebene wesentliche Unterschied zwischen beiden hinfällig wäre) und der Liebesakt hat *auch* Erkenntnischarakter (gleichfalls ohne Aufhebung seines wesentlichen Unterschieds gegenüber einem Erkenntnisakt); bei einer Erkenntnis-Zuwendung zum Gegenstand liegt schon eine gewisse Bejahung und Liebe zu ihm vor (die freilich im Grenzfalle auch in ihr Gegenteil verkehrt sein kann), und in der Liebes-Zuwendung wirkt ein innerlich prägendes und richtungweisendes „Licht" (das gleichfalls eine „Trübung" nicht ausschließt).

Diese „wesenhafte Ähnlichkeit bei aller wesenhaften Verschiedenheit" steht letztlich in Zusammenhang mit der „Analogie alles Seienden", wonach alles in einer gewissen „Ent-sprechung" zueinander angelegt ist (vgl. I, 3: Die Liebe als Aufbauprizip der Seinsordnung). Stünden Erkennen und Lieben völlig außerhalb dieser allumfassenden „Analogie des Seienden", so wären sie überhaupt kein Seiendes!

b) Die Bedeutung für den Akt-Charakter des Seins

Damit weisen sie *als Akte* letztlich hin auf den *Akt-Charakter des Seins als solchen,* den sie weiter „*aktualisieren"* und „*ver-vollkommnen".* „Sein" zeigt sich als die „Grund-tätigkeit" des Seienden: Indem z. B. ein Mensch denken, lieben, oder leiden tut, „tut" er im Grunde und auf vielfältige Weise immer nur das Eine: sein. Dementsprechend kann das Wort „sein" nicht ins Passiv gesetzt werden.

Zu diesem zugrunde liegenden (wörtlich: „sub-stantiellen") Akt verhalten sich alle „weiteren Akte" nur zu-sätzlich, hinzu-kommend (wörtlich: „akzidentell"); sie kommen aber nicht von außen hinzu, sondern entspringen aus ihm, ent-falten ihn und bringen ihn in die Fülle. Das sub-stantielle Sein ist der ‚Quellgrund', das ‚Maß' und der ‚Zielsinn' der ak-zidentellen Akte.[20]

So bringt das wesenhafte Verhältnis von Erkenntnis- und Liebesakt eine Grundstruktur des Seinsaktes zum Ausdruck. Sie beschreibt eine „kreisförmige

---

20 Dazu paßt die Erfahrung, dass gelegentlich im Ruhen, im Lassen und im Empfangen eine höhere und intensivere Seinstätigkeit liegt als im aktiven Handeln und im Machen. Man wirkt z. B. als Mann auf Frauen bzw. als Frau auf Männer (oder als Eltern auf Kinder usw.) oft stärker, wenn man „sich wirken *lässt"* – wohingegen man durch allzu große Aktivität seine Wirkung meist verbaut. Die grundlegende Wirkung geschieht durch die eigene *Wirk-lichkeit* – und bewußte und gezielte Handlungen wirken umso eindringlicher, je überzeugender diese in ihnen zum Ausdruck kommt.

Bewegung", die einen drei-fachen Status durchläuft: ein ursprüngliches In-sich-Sein, ein Aus-sich-Herausgegangen- und Sich-gegenübergetreten-Sein, und ein In-sich-Hineingegangen-Sein.

Es handelt sich um eine Akt-Struktur, die grundlegend den Seinsakt selbst kennzeichnet und die durch die akzidentellen Akte entfaltet und aktualisiert werden kann. Was sich auf der akzidentellen Ebene in einer Vielzahl begrenzter Akte ausbreitet, wurzelt im Grund-Vollzug des einen und einfachen Seinsaktes und beinhaltet nichts Anderes als seine Darstellung und weitere Verwirklichung (oder auch, im ungünstigen Falle, seine Verzerrung).

Dies geschieht entsprechend den Stufen der Vollkommenheit des Seins und Lebens in verschiedener und ana-loger Weise (vgl. I,1: Die Frage nach dem absoluten Seinsgrund…). Wir betrachten zunächst (1.) die sinnliche und dann (2.) die geistige Stufe. Dabei ergibt sich ein Verständnis des Menschen in seinem spezifischen sinnlich-geistigen Sein.

2. Das sinnliche Erkennen

Einen ersten Hinweis auf das Wesen von „Sinnlichkeit" kann unsere Sprache vermitteln: Das deutsche Wort „Sinn" leitet sich her von ahd. „Sin", d. h. der „Weg". Der „Sinn" als Fähigkeit des Menschen bedeutet also den „Weg", den „Ein-gang", durch den der Gehalt der Wirklichkeit hereinkommt. Die „Sinnes-Empfindung" ist die „empfangene Wirkung" der Wirk-lichkeit. Deshalb wird das Wort „Sinn" vom Wahrnehmungsvermögen des Menschen auch auf den wahrgenommenen Gehalt der Wirklichkeit selbst bezogen; dem „subjektiven" Sinn entspricht ein „objektiver". So meint etwa die Rede vom „Sinn-Gehalt" einer Blume oder einer Landschaft die Aussage der Blume bzw. der Landschaft, die unsere Hinneigung erwecken und erfüllen kann. Die sinnlichen Affekte antworten auf die durch die Sinne aufgenommenen Reize und lösen entsprechende Bewegungsimpulse aus. Das Wort „Sinnlichkeit" umfasst damit die Bedeutung von „Sensibilität" (Empfindsamkeit als Bereitschaft des sinnlichen Wahrnehmevermögens) und „Sensualität" (als Bereitschaft zu sinnlicher Erregung und Hinwendung); letztere kann im „Trieb" oder in der „Begierde" eine gesteigerte Form annehmen, z. B. auf dem Gebiet der Nahrungsaufnahme oder der Sexualität.

Auf diesem Hintergrund ist nun das *Strukturgefüge der Sinne*, durch das sich die menschliche Sinn-lichkeit entfaltet, zu betrachten. Wir unterscheiden traditionell zunächst die fünf *„äußeren Sinne"*, die unmittelbar der Außenwelt zugekehrt sind. Das sind (a) die drei so genannten *„niederen Sinne"*, nämlich der Tast- und Wärmesinn, der Geschmackssinn und der Geruchssinn; diesen folgen (b) als die zwei *„höheren Sinne"* der Gesichts- und Gehörssinn.

Die Produkte der fünf „äußeren Sinne" werden durch die fünf *„inneren Sinne"* weiter verarbeitet, ergänzt und verinnerlicht, nämlich den „Gemeinsinn", das „Erinnerungsvermögen" oder „Gedächtnis", die „Phantasie", das „sinnliche Schätzungsvermögen" und das „Vermögen der sinnlichen Gestaltwahrnehmung"; dies wird Thema eines weiteren Punktes (c) sein.

Zum Schluß (d) soll noch ein Exkurs über „außersinnliche Wahrnehmung" angefügt werden.

a) Die 3 niederen äußeren Sinne (Tast- und Wärmesinn, Geschmacksinn, Geruchsinn)

Zunächst zu den drei aufgeführten äußeren „niederen Sinnen":

aa) Als das erste und grundlegende, in gewisser Weise allumfassende äußere Sinnesvermögen kann der *Tastsinn* gelten. Er spricht an auf den Stoss oder „Eindruck" vor allem fester Gegenstände, die auf die Haut treffen und sie zusammenpressen. Da auch die Wärmeempfindung durch Druckeinwirkung entsteht, nämlich die schnelle Bewegung und den Aufprall von Atomen und Molekülen auf die Haut, so wird auch sie meistens dem Tastsinn zugeordnet.

Mit der Haut ist der Tastsinn uneingeschränkt über den Körper ausgebreitet. So läßt sich der ganze Leib als ein einziges „Tastorgan" auffassen.

Gegenüber den anderen Sinnesorganen (wie Zunge, Nase, Auge und Ohr) zeigt es sich weder lokal begrenzt noch speziell strukturiert, sondern vielmehr als „omnipräsentes" und „generelles" Sinnesvermögen. So meint man, wenn man einem Menschen ein hohes Mass an „Sinnlichkeit" bestätigen will, in erster Linie eine besonders ausgeprägte Sensibilität seines Tastvermögens. Dem entspricht, dass der Tastsinn auch in allen übrigen Sinnen in je spezifisch abgewandelter Weise fortwirkt. So will es ein Sprachgebrauch, dass man sich durch den Geschmacksinn – etwa beim Kuß – oder durch den Geruchsinn in in eine andere Person „hinein-tastet", bzw. ihren Charakter aus ihrer Stimme mit dem Gehörsinn „er-tastet" und sie nach ihrer körperlichen Erscheinung mit dem Gesichtssinn „ab-tastet". Der Tastsinn ist gewissermaßen das sinnliche Wahrnehmungsvermögen des Menschen „an der Basis", aus dem die übrigen Sinnesvermögen durch differenzierende Spezialisierung, Verfeinerung und Weiterentwicklung hervorkommen, gleichsam wie Verästelungen und Verzweigungen eines Baumes.

Er ist so in grundlegender Weise auch das Medium sinnlicher Liebe; er wird durch sie sensibilisiert und motiviert.

bb) Als der nächst hervortretende „Ast" in der Entfaltung des „Baumes der Sinnlichkeit" ist der *Geschmacksinn* zu betrachten. Denn er reagiert wie der Tastsinn durch unmittelbaren Hautkontakt; unter allen Sinnen sind beide die einzigen, die eine direkte Körperberührung erfordern. Die bio-mechanische Berührung des Tastsinnes hat sich jedoch nun zur bio-chemischen Verschmelzung weiterentwickelt und vertieft. So führt bei der Wirklichkeitsbegegnung der Geschmackssinn noch mehr ins Innere des Seienden. Dies kommt zur Sprache, wenn vom „Wohlgeschmack" die Rede ist, den eine Person oder eine Situation erzeugt – Ausdrucksweisen, die sowohl in einem unmittelbaren als auch in einem übertragenen Sinne gemeint sein können. Die Wirklichkeit wird gewissermaßen in ihrer Seinsqualität „ver-schmeckt".

Das Schmecken geschieht im Medium des Feuchten, in welchem der schmeckende Gegenstand und der ihn schmeckende Mensch durch ihre Aussonderungen sich lösen und zusammenfließen; so werden sie in diesem Medium zueinander hin und miteinander vermittelt und vereinigt. Dies kann wie ein „Neuaufgang des Seins" oder wie eine „seelische Neugeburt" erlebt werden: Denn nach dem frühgriechischen Philosophen *Heraklit* von Ephesus „dünsten die Seelen herauf aus dem Feuchten"[21]

Die innige Vereinigung, die im Schmecken geschieht, zeigt sich auch darin, dass dem sich ausdrückenden Objekt und dem aufnehmenden Subjekt die selbe Wirk-qualität zugeordnet wird, z. B.: „Das Ei schmeckt" und: „Ich schmecke das Ei". Es handelt sich nicht um zwei verschiedene Akte, die unabhängig voneinander stattfinden würden, sondern das Schmecken, das den wahrgenommenen Gegenstand meint, und das Schmecken, das vom wahrnehmenden Subjekt ausgesagt wird, sind *ein und derselbe Akt*, der in der Begegnung zugleich von beiden Seiten ausgeht: *Indem* ich das Ei schmecke, schmeckt das Ei mir; im Speichel ereignet sich eine unmittelbare Verschmelzung.

Dieser ins Innere des Seienden hineingehenden Bewegung des Geschmackssinnes entspricht seine Anordnung im Ausdrucksgefüge des menschlichen Leibes: Er ist nicht, wie der Tastsinn, über die gesamte Körperoberfäche „verteilt", sondern erfordert ein speziell ausgebildetes Organ: die Zunge. Diese hat ihren Ort nicht an einer beliebigen oder untergeordneten Stelle des Körpers, sondern oben im Haupt. Dort ist sie geborgen in der Mundhöhle, durch die wir das nährende Mahl aufnehmen und uns mit dem Seienden „ver-mählen".

Das „Schmecken" übersetzt sich ins Geistige, wenn das lat. Verb: „sapere" = schmecken zum Substantiv: „Sapientia" (griech.: „Sophia") = Weisheit verdichtet wird; sie ist Ziel aller „Philo-sophie" als „Liebe zur Weisheit". Den Zusammenhang

---

21 Vgl. *Heraklit*, Fragm. 93 (Die Vorsokratiker I, hsg. von *Jaap Mansfeld*, Stuttgart 1983, S. 273); *Hermann Diels*, Die Fragmente der Vorsokratiker (hsg. von W. Kranz, Hamburg, 8. Aufl. 1957).

akzentuiert noch ein Ausspruch von *Ignatius von Loyola*: „Nicht Vielwisserei sättigt die Seele, sondern das innere Verkosten und Verschmecken der Dinge". Das will sagen, dass über alles bloß gegenständliche Erkennen, das der Wirklichkeit wie von außen kühl und distanziert gegenübertritt, ein „Erfahrungswissen" hinausgeht, das aus einem Sich-einlassen auf das Erkannte erwächst und ein „Erkennen der Dinge von innen", ein inneres „Schmecken ihres Seins" darstellt.

Dabei wird auch deutlich, dass die sinnliche Wahrnehmung mit Hinneigung und Liebe einhergeht und zutiefst von ihr bewegt wird. Das gilt ebenso für den Geruchsinn.

cc) Der _Geruchsinn_ bedeutet einen weiteren wesentlichen Schritt in der Entwicklung der Sinnlichkeit. Das mag sich auch darin gleichsam „körperbildlich" anzeigen, dass das Geruchsorgan im Kopf noch „über" dem Geschmacksorgan angeordnet ist. In diese „vergleichende Ausdrucksdeutung" der menschlichen Körpergestalt könnte auch einbezogen werden, dass das Geschmacksorgan im Inneren der Mundhöhle verborgen ist (als ein Hinweis auf das intime „Ge-heimnis" des Seins, das in der entsprechenden Ich-Du-Begegnung erlebt werden kann), während das Geruchsorgan, die Nase, nach außen und nach vorne hervortritt.

Dazu paßt, dass man traditionell nur vier Geruchsqualitäten kennt: süß, sauer, bitter, salzig, die Düfte hingegen sich in einem großen Reichtum feinster Qualitätsunterschiede entfalten.

Es macht durchaus einen Unterschied, ob man sagt: „Ich kann dich schmecken und du schmeckst mir!", oder: „Ich kann dich riechen und du verströmst für mich Wohlgeruch!" Auch hier weist die Übertragbarkeit der Bezeichnungen vom körperlichen auf das seelisch-geistige Geschehen auf eine ontologische Entsprechung hin. Im Vergleich zum Schmeck-Kontakt geschieht das Riech-Ereignis in größerem Gegenüber-stand; dadurch wird eine umso tiefere Innigkeit und Nähe möglich. Es ereignet sich „Annäherung durch Abstand" (vgl. den Hinweis auf *Hans André* in I,3,b: Die Liebe als Aufbauprinzip der Seinsordnung). Das lebendige „Objekt" tritt durch seinen Duft aus sich heraus und kann so mit seinem „Lebensodem" über die Lunge in die Substanz des sinnlichen Subjekts aufgenommen werden.

Die intime Nähe und Einheit des sich gebenden Objekts und des aufnehmenden Subjekts bringt unsere Sprache zum Ausdruck, indem sie den Akt des Riechens sowohl vom wahrnehmenden Subjekt als auch vom wahrgenommenen Objekt aussagt, zum Beispiel nicht nur: „Ich rieche die Rose", sondern auch: „Die Rose riecht". Es handelt sich dabei um ein und denselben Akt, der sich aus der Zusammenkunft beider ergibt; sofern das Duften auch ein Akt der Rose ist, vollführt sie diesen nicht in sich, sondern in meinem Akt des Riechens. Es stellt sich ein ähnliches Phänomen dar, wie es oben bereits im Zusammenhang des Schmeckens begegnete, doch nun in einem sublimeren Medium: der Luft, dem „Äther" oder „Pneuma". Das Schmecken ereignet sich im Medium des „Feuchten", in dem sich das Leben gewissermaßen „löst" und „verflüssigt"; das Riechen vollzieht sich im Medium des „Wesensgeruchs" oder „Lebensgeistes", der in der umgebenden Atmosphäre frei geworden ist. Im Hinblick auf seine belebende Kraft wird der „Odem" oder „Geist" von dem vorsokratischen Philosophen *Anaximenes* als der „Ursprung aller Dinge" bezeichnet.[22]

Diese „geistige Dimensionierung" der Sinnlichkeit ermöglicht es, spezifisch Geistiges vom Sinnlichen her zu benennen, etwa wenn man eine Gefahr „wittert", jemandem „nachschnüffelt" oder sich gegenseitig „beschnuppert". Aufgrund seiner Nähe zum Geistigen erscheint der Geruchsinn als der höchste der drei „niederen Sinne".

Fassen wir zusammen: Beim Tastsinn geschieht die Begegnung und Objektberührung durch unmittelbaren festen Druck, gewissermaßen noch ohne Medium, beim Geschmacksinn im feuchten und beim Geruchsinn im im ätherischen Medium. So beschreiben die drei Sinne in der Sukzession der drei Aggregatzustände des Festen, des Flüssigen und des Gasförmigen eine Entwicklung zur „Verfeinerung". Einen noch weiteren Schritt in dieser Richtung bezeichnet der Gesichtssinn: Sein Medium ist das Licht. Diese Folge entspricht den klassischen vier Elementen: Erde, Wasser, Luft und Feuer, in denen sich das „energetische Feld" des Kosmos aufbaut.

b) Die 2 höheren äußeren Sinne (Gesichtssinn, Gehörsinn)

Wenden wir uns nun den beiden „*höheren Sinnen*", dem Auge und dem Ohr zu!

aa) Das Verbindende von Gesichts- und Gehörsinn:

Unmittelbar ist zu bemerken, dass die einfachen Empfindungen des Gesichtssinnes, die Farbqualitäten, mit den einfachen Empfindungen des Gehörsinnes, den Tonqualitäten, in einer gewissen Entsprechung stehen. Deshalb werden akustische und optische Kategorien gelegentlich wechselseitig angewendet und man spricht z. B. von „schreienden Farbgegensätzen", einem „schrillen Rot" oder „Knall-Gelb", und ebenso von „hellen" und „dunklen" bzw. von „hohen" und „tiefen" Tönen. Ebenso haben hochsensible Künstler in ihrem rezeptiv-produktiven Wirklichkeitsverhältnis die verschiedenen Ebenen ineinander „übersetzt". So stellte der Maler *Kandinsky* in seinen Bildern musikalische Strukturen und Prozesse optisch dar, oder der Komponist *Mussorgski* vertonte Farb- und

---

22 Vgl. Fragmente der Vorsokratiker, vorige Anm.

Lichtverhältnisse (vgl. etwa sein Tonkunstwerk „Bilder einer Ausstellung"); so lassen sich u. U. Töne auch „sehen" und Farben auch „hören". Ähnliche Erfahrungen wurden offenbar auch beim ekstatischen Rausch durch Drogen gemacht; vgl. z. B. die bekannten Berichte von *Leary* über Experimente mit LSD.[23]

In den letztgenannten Beispielen deutet sich bereits an, dass durch die höheren Sinne nicht nur einfache Qualitäten wie Farbe und Ton, sondern auch deren Verhältnisse, also „Farbe" und „Form" bzw. „Ton" und „Tonfigur" erfasst werden. Darin liegt nun das Unterscheidungsmerkmal gegenüber den niederen Sinnen.

Das Kriterium für die Einteilung der äußeren Sinne in „niedere" und „höhere" Vermögen ist das Erfassen von Sinnstrukturen, d. h. von ganzheitlichen Beziehungsgefügen, die einen spezifischen Bedeutungsgehalt ausdrücken. Auge und Ohr produzieren „komplexe" Empfindungen, nämlich Empfindungen, die aus einer Vielzahl von elementaren Empfindungen bestehen, aber mehr als deren bloße Aneinanderreihung sind. Eine solche „übersummative Einheit" heißt „Ganzheit" und in ihrer sinnlichen Wahrnehmbarkeit „Gestalt"; sie ist Ausdruck des inneren Wesens der hier begegnenden Wirklichkeit. So ist es verständlich, dass z. B. ein Hund durch die schwach in der Ferne aufscheinende Gestalt seines Herrn nachhaltiger affiziert wird als durch den erheblich stärkeren Lichtreiz eines in der Nähe aufblitzenden Scheinwerfers; und er vermag die Stimme seines Herrn durch ihre „Klanggestalt" von jedem anderen noch so aufdringlichen akustischen Reiz zu unterscheiden. Es zeigt sich: Das Seh- und das Hörvermögen sind der Wahrnehmung von sinnhaften Gestalten zugeordnet, das erstere in der Dimension des Raumes, das letztere in der Dimension der Zeit.

Beide Arten von „Gestalt" werden durch Schwingungen eines Mediums – der „Lichtenergie" bzw. der Luftmoleküle – übertragen; die Frequenz der Schwingung ist meßbar; insofern zeigt sich bei der optischen und akustischen Wahrnehmung im „objektiven Fundament" der „subjektiven Wahrnehmungsqualität" eine quantitativ-mathematische Komponente. Die Gestalt ist „etwas Qualitatives in etwas Quantitativem" und so etwas Unteilbares in etwas Teilbarem.[24]

---

23 Vgl. dazu: *John Cashman*: LSD – die Wunderdroge, dt. Farnkfurt/M. 1967; *Ernst Jünger*: Annäherungen. Droge und Rausch, Stuttgart 1970; *Jünger* spricht sogar von Annäherungen an das Göttliche und absolut Beseligende, die hier möglich sein sollen. Vgl. vom *Verf.*: Rauschgift – Gefahr oder Erfüllung? Zu einem aktuellen Problem unserer Jugend und Gesellschaft, in: Pädagogische Welt 26(1972)467–479.

24 Vgl. *Thomas v. Aquin*: „Figura... est qualitas circa quantitatem" (7 Phys. 5 d; ähnlich S.theol. I q 35, a 1). *Ch. v. Ehrenfels*: Gestaltqualitäten, in: Vierteljahresschr. für wiss.

Durch ihren Bezug auf den Bedeutungsgehalt einer komplexen Struktur haben der Gesichts- und der Gehörsinn eine besondere Nähe zur geistigen Wahrnehmung. Unter den drei niederen Sinnen erreicht der Geruchsinn, wie oben erläutert, durch seinen „pneumatischen Charakter" die wohl dichteste Annährung an die Seele und den Geist. Aber sofern ihm die Empfänglichkeit für ganzheitliche Sinnstrukturen fehlt, steht er hinter Auge und Ohr noch zurück. Daraus darf jedoch nicht geschlossen werden, dass für den ganzheitlichen Sinnbezug der höheren Sinne zum Geist etwa die niederen Sinne entbehrlich wären; denn sie sind, wie aus dem Zusammenhang hervorgeht, die physische und sinnliche „Basis" der höheren.

Im Zusammenspiel der Sinne akzentuiert das Auge als der größte „Fernsinn" den Abstand zur begegnenden Wirklichkeit, Nase und Ohr hingegen verlangen die Nähe; sie erfüllen gewissermaßen den „Abstandsraum", der durch das Auge und den Blick geschaffen wird. Das Auge scheint mehr nach außen und auf die in den Raum heraustretende Erscheinung des Seienden gerichtet, Ohr und Geruchsinn hingegen sind tiefer nach innen empfänglich. Der Gesichtsinn zeigt eine größere Nähe zu Verstand und Vernunft (was durch seine Position im Haupt über allen anderen Sinnen und unmittelbar unter der Stirn unterstrichen wird), der Gehörsinn hingegen zu „Seele und Herz" und der Geruchsinn zu „Seele und Leib".

Nase (wenigstens andeutungsweise), Auge und Ohr zeigen jeweils eine doppelte Öffnung bzw. Empfangseinrichtung, wobei der Abstand beider von Nase zu Auge zu Ohr zunimmt. Darin drückt sich eine wachsende Fähigkeit zur Richtungsorientierung und zur sinnlichen Messung von Verhältnissen und Strukturen an den Objekten aus. Jedes Doppelorgan hat somit die Aufgabe der Differenzierung und der Re-integrierung. Daher gilt: Je weiter ein Organ die Unterschiede hervor- und auseinandertreten läßt, desto tiefer führt es sie zur komplexen Einheit zusammen. Daraus läßt sich der Hinweis entnehmen, daß das Gehör mehr noch als als das Gesichts- oder das Geruchsorgan in die Tiefe von Sinnstrukturen und somit in den Geist hineinführt.

Hierzu ist anthropologisch aufschlußreich, daß die Sprech- und Hörorgane eine Ähnlichkeitsbeziehung zur Sexualität aufweisen: Zunge und Mundhöhle zum männlichen bzw. weiblichen Gechlechtsorgan, die Ohrmuschel zum Uterus bzw. Embryo. So wurden in alten Kulturen (man vergleiche auch die Bibel) die Ereignisse der physischen Zeugung, Empfängnis und Geburt und die Akte des Sprechens und Hörens zueinander in Entsprechung gebracht – geistige

---

Sinn-verinnerlichung des Physisch-Sinnlichen und physische Ver-sinnlichung des Geistig-Sinnhaften.

bb) Beim Vergleich von Auge und Ohr hebt sich noch ein bedeutsamer Unterschied und Gegensatz heraus: Auf beiden Kommunikationsebenen, der optischen wie der akustischen, ist nämlich das Verhältnis zwischen dem Objekt, das die Informationen aussendet (d. h. dem Sich-Zeigenden bzw. dem Sprechenden) und dem sinnlichen Subjekt, das sie empfängt (also dem Sehenden bzw. Hörenden) jeweils umgekehrt. Bei der optischen Kommunikation ist man als „Sender" verhältnismäßig passiv; man kann sich vor dem durchdringenden Blick des Beobachters schlecht verbergen. Der „Empfänger" ist jedoch höchst aktiv; er kann nach freier Entscheidung hinsehen oder den Blick abwenden. Auf der akustischen Ebene verhält es sich entgegengesetzt: Der „Sender" ist der freiere Teil; er kann nach Belieben reden oder schweigen. Als „Empfänger" jedoch verfügt man über ein relativ geringes Maß an Selbstbestimmung; unter gewissen Umständen erfordert es große Mühe, „wegzuhören" und man ist fast ausgeliefert. Dabei sind in der zwischenmenschlichen Begegnung meist beide Partner abwechselnd in der Rolle des „Senders" und des „Empfängers". Stets ist der Geistbezug in der Kommunikation bei Auge und Ohr in der beschriebenen Weise spezifisch verschieden.

Dieser Unterschied mag auch den Gegensatz der Geschlechter betreffen; der Mann bevorzugt vielleicht mehr die „optische" Information über die Zeitung, die Frau die „akustische" über den Rundfunk, wie statistische Umfragen wissen wollen. Sollte es zutreffen, so stünde dies durchaus in Entsprechung zu dem (in I,4: „Ehe und Familie...") erwähnten mehr „ojektivierenden" Habitus des Mannes und dem mehr „subjektivierenden" Habitus der Frau. – Deutlicher sind die Unterschiede bei den Kulturkreisen: In der europäisch-okzidentalen Kultur spielt das „analytisch und distanzierend in den Griff nehmende Auge" die führende Rolle, während im orientalen, afro-asiatischen Kulturbereich das „sich in die Harmonie und den Rhythmus des Seins einhörende und integrierende Ohr" die zentrale Bedeutung besitzt. Auch hier scheinen beide Kulturbereiche zu gegenseitiger Ergänzung aufeinander verwiesen.[25]

Es könnte nun scheinen, dass das Auge komprehensiver auf die Ganzheit der Dinge bezogen ist als das Ohr. Denn ein Sprichwort lautet: „Ein Bild sagt mehr als tausend Worte!" Es wäre aber ein Mißverständnis zu meinen, das Ohr wäre damit verzichtbar. Man muß vielmehr unterscheiden: Zwar läßt sich durch einen einzigen Blick auf das Antlitz eines Menschen, in dem sich die Seele

---

25 Vgl. die in der letzten Anm. von Teil I angegebenen kulturphilosophischen Schriften des *Verf*assers.

ab-bildet, mehr über seinen Charakter erfahren als durch Anhören einer langen Rede, aber doch so undeutlich, daß es mehr als tausend Worte bedarf, um die Aussage des Antlitzes zu ver-deutlichen und aus-zulegen. Das heißt: Der innere Sinngehalt eines Seienden ist im flächigen oder räumlichen Sinn-bild verdichtet ausgedrückt, gleichsam zu einer statischen und „gegen-ständlichen Präsenz" geronnen und so für das Auge „greifbar" und „verfügbar". Aber der betreffende Sinngehalt ist dabei noch an das körperliche Ausdrucksmedium gebunden; dieses kann ihn nur bedingt aufnehmen und nur begrenzt ausdrücken. Er ist erst dann voll-kommener ausgedrückt, wenn er im Wort ausgesprochen wird und so zu Gehör gelangt. Tiefer in das Verständnis der Wirklichkeit als das im Raum stehende Bild führt das in der Zeit sich entfaltende Wort. In diesem Sinne scheint das Auge auf das Ohr hingeordnet.[26]

Andererseits hat das Wort, das sich in einer ab-strakten Begrifflichkeit bewegt, in der konkreten Bild-Anschauung, von der es ausgeht und die es auslegt, seine Grundlage. Es führt aber über diese hinaus und ist so letztlich auf den Glauben des Hörenden angewiesen. Wenn mir z. B. jemand sagt: „Du kannst dich völlig auf mich verlassen, ich bin in jeder Gefahrensituation auf deiner Seite", so muß ich ihm dies glauben, ich kann es nicht beweisen. Ich *kann* es ihm aber auch glauben, wenn seine Glaub-*würdigkeit* schon aus ähnlichen Situationen *er-sichtlich* ist. Der Glaube, der sich auf das gehörte Wort bezieht, ist gewiß immer ein Wagnis; er kann aber ein *sinnvolles* Wagnis sein, wenn er tiefer in das hineinführt, was schon für das Auge anfänglich sichtbar ist. Wer ein solches Wagnis, das eine gewisse Hingabe an die andere Person bedeutet, grundsätzlich nicht eingehen möchte, kann mit der Wirklichkeit nicht in tiefere Berührung kommen. Die Aufgabe – und das Problem – dürfte sein, zwischen einem von Angst bestimmten „reinen Sicherheitsdenken" und „verantwortungsloser Verwegenheit" die rechte Mitte zu finden.[27]

---

26 Vgl. dazu die Interpretationen von *Gustav Siewerth*, Düsseldorf 1952; und: Die Sinne und das Wort, ebda. 1956.

27 Vgl. die Werke des Existenzphilosophen *Peter Wust*: Dialektik des Geistes, Augsburg 1928; Ungewißheit und Wagnis, 7. Aufl. München 1962. - Dazu vom *Verf.*: Ek-in-sistenz. Positionen und Transformationen der Existenzphilosophie, Frankfurt/M. 1989.

c) Die 5 inneren Sinne (Gemeinsinn, Gedächtnis und Fantasie, sinnliches Schätzungsvermögen, Vermögen der Gestaltwahrnehmung)

Es hat sich gezeigt, wie durch die Wege der „niederen" und der „höheren" äußeren Sinne und ihr Zusammenspiel der Sinn-Gehalt der Wirklichkeit ins Innere des wahrnehmenden Subjekts gelangt, um dort verarbeitet zu werden und eine ent-sprechende Antwort auszulösen. Eine solche aber setzt die weitere Verarbeitung der „äußeren Eindrücke" durch die *„inneren Sinne"* voraus – ein Zusammenhang, der in unserer bisherigen Betrachtung immer schon impliziert war. Er ist nun noch näher zu explizieren.

Im Gegensatz zu den äußeren Sinnen, die jeweils in einem bestimmten körperlichen Organ lokalisiert sind und ihre physische Basis haben, sind die inneren Sinne in nicht scharf abgrenzbarer Weise auf das Gehirn bezogen; sie sind noch deutlicher nach innen gerichtet und liegen tiefer im psychischen Inneren. Ihre Aufgabe ist es, die von den äußeren Sinnen empfangenen Impulse, die spezifisch verschieden sind und verschiedenen „Ebenen" angehören, zu sinnvollen Einheiten zu integrieren und so einen adaequaten Wirklichkeitsbezug herzustellen. Es handelt sich um 5 Sinne: den „Gemeinsinn", um „Gedächtnis" und „Phantasie", die „sinnliche Schätzungskraft" und das „sinnliche Gestaltungsvermögen", woran sich noch die Möglichkeit einer „außersinnlichen Wahrnehmung" anschließt.

Beim Aufbau der „inneren Sinnlichkeit" wirkt sich die Liebe als wirklichkeitsbejahendes und zur Einheit hin ordnendes Prinzip weiter aus.

aa) Der *„Gemeinsinn"* wohnt allen äußeren Sinnen gemeinsam inne und bringt ihre Ergebnisse zu einer ersten Einheit. Da die Wirkungen eines Objekts im Tast-, Geschmacks-, Geruchs-, Gesichts- und Gehörsinn qualitativ verschieden und disparat sind, so bedarf es einer eigenen Kraft des Subjekts, ihre Herkunft von dem selben Objekt und ihre gemeinsame Bezogenheit auf es zu erfassen, so dass die verschiedenen „Sinnesqualitäten" dann vom Verstand als Eigenschaften des selben Seienden verstanden werden und man zum Beispiel sagen kann: „Die Wahrnehmungsinhalte weich und warm, salzig, scharf riechend, rot, oval, knackig usw. drücken Beschaffenheiten dieser Speisewurst aus". Der Gemeinsinn wirkt so in den äußeren Sinnen und übersteigt sie zugleich auf eine sie alle umfassende und integrierende Einheit des räumlichen Ortes hin.

Dabei ist zu sehen, dass die sinnlich wahrgenommenen Qualitäten nicht in den Dingen an sich existieren, wie der sogenannte *„naive Realismus"* meint, sondern in unserem sinnlichen Bewußtsein; gäbe es keine Augen, Ohren, Nasen usw., so auch keine Farben, Töne, Gerüche etc.. Aber dies ändert nichts daran, dass es sich nicht um Eigenschaften unseres Bewußtseins, sondern *der Dinge* handelt, – die sie eben nur in unserem sinnlichen Bewußtsein haben, das heißt in ihrer Wirkung; diese ist als ihre weitere „Ver-wirklichung" aufzufassen. Zu kritisieren ist eine absolute ontologische Trennung von Objekt und Subjekt, wonach das Sein des Objekts schon in ihm selbst abgeschlossen wäre; es hat vielmehr in sich nur ein anfängliches und erst im Subjekt, in seinem Da-sein für ein Subjekt, sein voll-kommeneres Sein. Zum Beispiel stellt sich ein bestimmter energetischer Zustand eines Baumblattes in unserer optischen Wahrnhmung als die Qualität Grün dar, die ihm „onto-logisch" ent-spricht. Zum Sein des Blattes gehört auch sein Für-uns-Sein, in ihm kommt es voller zum Sein. Das heißt: Das Sein der Dinge ist wesentlich ein Aufeinander-hin-Sein.[28]

Der Gemeinsinn ist also auf den Raum bezogen, in dem er die äußeren Sinneseindrücke lokalisiert.

bb) Das *Gedächtnis* und *cc)* *die Phantasie* sind demgegenüber den Dimensionen der Zeit zugeordnet. Zu den Ergebnissen des Gemeinsinnes fügt das Gedächtnis Eindrücke aus der Vergangenheit hinzu (z. B. die jetzt unsichtbare Rückseite eines Gegenstandes), während die Phantasie eine mögliche oder beabsichtigte Zukunft vorausentwirft (z. B. den beim Sturz zu erwartenden Knall). Dadurch wird ein sinnvoller Umgang mit den Dingen möglich.

Das *Erfahrungs-Gedächtnis*, aus dem die aktuelle Phantasie schöpft, hat seinen Inhalt aus der vergangenen Wirklichkeitsbegegnung des betreffenden sinnlichen Subjekts erworben. Ihm liegt aber ein *Ur-Gedächtnis* (und eine *Ur-Phantasie*) zugrunde, dessen Inhalt nicht aus der individuellen Erfahrung stammt, sondern von den Vorfahren und vorangegangenen Generationen ererbt und der Tiefe des kollektiven Unbewußten einprogrammiert ist. Woher kennen z. B. die Zugvögel Richtung und Ziel ihres Fluges, wenn – wie wissenschaftliche Untersuchungen sagen – kein Tier den Schwarm begleitet, das die Strecke schon einmal zurückgelegt hat? Eine entsprechende Frage stellt sich beim Nestbau; im Verhalten der Tiere wirkt ein „Wissen", das nicht durch individuelle Lernerfahrung erworben wurde. Oder ähnlich: Es ist anzunehmen, dass der Mann bei der Partnerinnensuche von einem in der Tiefe seiner Seele bereitliegenden Bild des ihn ergänzenden Frauentyps unbewußt gesteuert wird; entsprechendes gilt von der Frau. *Carl Gustav Jung* spicht von „Urbildern" oder „Archetypen", die als Verhaltensmuster im kollektiven Unbewußten der Psyche wirksam sind und alles wesentliche

---

28 Daraus ergibt sich – das läßt sich jetzt schon sagen – die ethische Forderung, dass wir uns öffnen, um für einander Da-seins-Raum zu werden. Hier kann Teil III unserer Betrachtung ansetzen, der die Liebe als Prinzip des Handelns entfalten soll.

Handeln vorprägen. Das kann aber für den Menschen nicht bedeuten, daß sie sein Verhalten absolut determinieren (denn so würde seine Handlungsfreiheit und Selbstverantwortlichkeit ausgeschlossen), wohl aber bis zu einem gwissen Grad disponieren und damit positiv ermöglichen.

So scheinen noch mehr als die äußeren Sinne die inneren Sinne auf das Geistige hin geöffnet. Dabei ist bedeutam, daß *C. G. Jung* auf *Archetypen der ‚Weisheit' und ‚Geborgenheit', des ‚Heils' und des ‚Göttlichen'* stößt, die ein Ur-Innesein von Sinn und Wahrheit ausdrücken und dadurch dem individuellen Leben die Richtung weisen und das Maß geben. Es handelt sich hier um ein noch relativ unbestimmtes Potential, das durch die persönliche Auseinandersetung jeweils in verschiedener Weise aktualisiert und konkretisiert wird.

Also: Durch das Zusammenspiel von Gemeinsinn, Gedächtnis und Phantasie werden die Dinge als Sinn-gebilde in Raum und Zeit kon-stituiert. Auf dieser Grundlage wird ihre Bedeutung für das Subjekt erfaßt.

dd) Dies geschieht durch eine weitere Fähigkeit, die so genannte *„sinnliche Schätzungskraft"* („vis aestimativa"), die sie in ihrer Zu- oder Abräglichkeit für das Subjekt wertet und „ein-schätzt". Bei diesem Geschehen geht das Subjekt noch mehr in sich selbst hinein und emp-findet seine eigene Be-findlichkeit angesichts der begegnenden Wirklichkeit. Damit verlagert sich die Aufmerksamkeit vom „Wahren" auf das „Gute"; die Kraft der Liebe wird in besonderer Weise angefordert.

Das sinnliche Schätzungsvermögen durchdringt alle äußeren und inneren Sinne und wirkt auch schon in den niederen Sinnen; vgl. die Rede von einem „guten bzw. üblen Geschmack" der Dinge und Ereignisse oder von ihrem „Duft bzw. Gestank" – wobei gleichsam der „vitale Aspekt der Wirklichkeit" angesprochen wird.

ee) Die beiden höheren Sinne, Auge und Ohr, durch welche die Wahrnehmung von Gestalten erfolgt, erscheinen von einer *„sinnlichen Gestaltungskraft"* geleitet (lat. „vis cogitativa", von „cogitare" = mit Verstand zusammenstellen). In dieser Sinneskraft vollendet sich das Gefüge der inneren Sinne. Als Beispiel kann das „Vexierbild" dienen: Aus einer Zeichnung von zunächst wirr scheinenden Strichen (die Wirkung einer einwirkenden Wirklichkeit sind) hebt das von der „sinnlichen Gestaltungskraft" geleitete Auge das „Bild" eines Hundes heraus; aus der chaotischen Vorlage werden Striche so zusammengestellt, daß sie eine „Sinn-Gestalt" bilden, die für den Verstand be-greifbar ist. Damit schlägt die „sinnliche Gestaltungskraft" die Brücke von der sinnlichen zur geistigen Erkenntnis; sie bildet Komplexe sinnlicher Gegebenheiten als Zugänge zum Sein der Dinge. So bereitet sie ein „geistiges Verstehen" vor.[29]

d) Außersinnliche Wahrnehmung

Zunächst aber ist der Blick noch auf das Phänomen einer so genannten *„außersinnlichen Wahrnehmung"* zu richten.

Die Sinne sind von sich aus hinsichtlich der Reichweite ihrer Wahrnehmung angebbar begrenzt: Der Ausgriff in den Raum durch die äußeren Sinne gelingt nur bis zu einer bestimmten Entfernung; dasselbe gilt für den Ausgriff auf die zeitliche Vergangenheit und Zukunft durch die inneren Sinne. Nach gesicherten empirischen Forschungen besitzt der Mensch aber grundsätzlich auch die Fähigkeit, über diese Grenzen in einer nicht mehr bestimmbaren Weise hinauszugehen. Es dürfte sich dabei allerdings nicht um ein weiteres Sinnesvermögen neben den anderen handeln, sondern um eine prinzipielle Möglichkeit, die mehr oder weniger allen Sinnen anhaftet.

So wird berichtet von Tastempfindungen an Gegenständen in räumlicher Distanz; von Geschmacksempfindungen mit Flüssigkeiten ohne Berührung; von Geruchswahrnehmungen bei Gegenständen in vielen Kilometern Entfernung; von Gesichts- und Gehörswahrnehmungen von Ereignissen, die sich zum Zeitpunkt der Wahrnehmung auf einem anderen Erdteil abspielten. Zu diesen Phänomenen des so genannten *„Hellfühlens"* bzw. *„Hellsehens"* und *„Hellhörens"* gesellt sich die *„Telepathie"* als Wahrnehmung von seelisch-geistigen Vorgängen wie Gedanken, Gefühlen und Willensentscheidungen anderer Personen ohne erkennbare Vermittlung durch unsere bekannten Sinne und außerhalb von deren Reichweite (so genannte „unmittelbare Gedanken- und Gefühlsübertragungen").

Entsprechendes wird gelegentlich hinsichtlich der Zeitwahrnehmung beobachtet: wie *„Hellsehen in die Vergangenheit"* (z. B. Beschreibung von örtlichen Gegebenheiten in einem früheren Zeitalter, wobei gewisse Aussagen im Detail verifiziert werden konnten) und *„Hellsehen in die Zukunft"* (z. B. Vorausschau künftiger Ereignisse, die so nicht zu erwarten waren, aber tatsächlich eintrafen, sog. *„Präkognition"* oder *„Zweites Gesicht"*).[30]

---

29 Ein ausdrücklicher Hinweis auf eine „sinnliche Gestaltungskraft" findet sich nur bei *Thomas v. Aquin*, nicht mehr bei *Kant*.

30 Vgl. das „klassische" Werk von *Hans Driesch*: Prapsychologie, 1943; Ferner: *Hans Bender*: Telepathie, Hellsehen und Psychokinese, 1972.

Eine mögliche Erklärung für eine solche „außer-sinnliche Erweiterung" unserer Wahrnehmung könnte darin liegen, daß unser seelischer Wesensanteil, mit dem wir die Wahrnehmung vollziehen, sich von seiner Verbindung mit den körperlichen Organen weitgehend löst. Wenn die Seele die enge Einheit mit der Leibmaterie lockert und bis zu einem gewissen Grad „aus ihr heraustritt", so könnte dies eine entsprechende „Entgrenzung" ihres Wahrnehmungsvermögens zur Folge haben. Es gibt Berichte, wonach ein Ich-Austritt in extremen Notsituationen erfolgt ist (vgl. Erfahrungen in Todesnähe und im Zustand des „klinischen Todes")[31]; ebenso liegen Berichte vor, wonach eine „Präkognition" offenbar vor einer drohenden Gefahr warnen sollte (z. B. seinerzeit vor einer Teilnahme an der Unheilsfahrt des Schiffes „Titanic" nach Amerika, oder jüdische Mitbürger vor einem Zusammenstoß mit Schergen des NS-Regimes). Allerdings ist bei öfteren Erfahrungen dieser Art ein möglicher Schwund der Verwurzelung der menschlichen Existenz im Hier und Jetzt wohl nicht ganz auszuschließen. So ist es denkbar, daß manchmal das (vielleicht unbewußte) Motiv eines Sich-Ausstreckens in die Ferne die Flucht vor konkreten Lebensaufgaben ist. Andererseits könnte durch solches „Heraustreten" auch die Kraft wachsen, das unmittelbar Anstehende nun in einem erweiterten Horizont zu erfassen und umso besser anzugehen.

Im Unterschied zu einer nur graduellen und „quantitativen" Überschreitung der sinnlichen Wahrnehmung, wie sie bei den außersinnlichen Erfahrungen geschieht, wird die sinnliche Wahrnehmung durch die geistige Erkenntnis in einen „qualitativ und essentiell" anderen Horizont erhoben. So sind wir vorbereitet, uns ihm nun zuzuwenden.

3. Das geistige Erkennen

Wir beschreiben a) zunächst noch etwas genauer den Weg von der sinnlichen zur geistigen Erkenntnis und dann die beiden Teilvermögen der geistigen Erkenntnis: b) die Vernunft und c) den Verstand.

---

31 Hierzu: *Raymond Moody:* Life after Life, Covington /Gorgia (USA), 1975, dt. u d T: Leben nach dem Tod, mit einem Vorwort von Elisabeth Kübler – Ross, Reinbek b. Hamburg 1977; und vom *Verf.:* „Persönliches Überleben des Todes?", in: Jahrbuch für Religionsphilosophie 14(2015)257–266.

a) Der Weg von der sinnlichen zur geistigen Erkenntnis

Die geistige Erkenntnis ereignet sich zunächst *innerhalb* der sinnlichen, *führt* aber dann *über die sinnliche Erkenntnis hinaus.* Fragen wir zunächst (aa) nach dem Unterschied von geistigem und sinnlichem Erkennen, dann (bb) nach der (dialogischen) Realisierungsweise des geistigen Erkennens, wobei (cc) seine unbegrenzte Offenheit und Weite hervortritt.

aa) Der *wesentliche Unterschied* von geistiger und sinnlicher Erkenntnis zeigt sich in der Hinsicht, unter der sie ihren Gegenstand erfaßt: Während die sinnliche Erkenntnis die Dinge wahrnimmt, wie sie *erscheinen* (also wie sie für das Auge „aussehen", für das Ohr sich „anhören", für das Tasten sich „anfühlen" usw.), geht die geistige Erkenntnis auf ihr *Sein*: wie, was, warum, wozu – und ob überhaupt – sie *sind*. Zum Beispiel (wie schon unter I,1,b bei der Beschreibung der Evolution angedeutet): Taucht man einen Stab schräg ins Wasser, so erscheint er dem Gesichtssinn an der Schnittstelle der Wasseroberfläche gebrochen; der Tastsinn nimmt aber keinen Bruch wahr. Der Verstand fühlt sich durch diesen Widerspruch herausgefordert, vergleicht und über-legt (d. h. er legt gleichsam beide Sinneseindrücke übereinander) und schlußfolgert: Da das „weiche" Wasser den relativ „harten" Stab nicht zu brechen vermag, muss es sich bei dem optischen Eindruck um eine „Sinnestäuschung" handeln, so dass der Stab dem Auge nur gebrochen *scheint*, ohne aber in Wahrheit gebrochen zu *sein*. Das heißt: Das geistige Bewußtsein re-flektiert über den Wahrheitswert der sinnenfälligen Erscheinung und fragt nach dem Sein, das sich in ihr ausdrückt; dieses ist offenbar sein eigentliches Thema. In der Regel kann man annehmen, dass die Erscheinung dem Sein entspricht. Andernfalls würde das Leben im Alltag scheitern. Immerhin aber wird man sagen müssen, dass die „Wahrheit des Seins" in der sinnlichen Erscheinung nur begrenzt hervortritt und die menschliche Erkenntnis deshalb zwar von der sinnlichen Erfahrung ausgeht, zugleich aber auch über sie hinaus und ihr „auf den Grund" geht. Dies betrifft auch die sinnliche Erfahrung selbst: So sagt der Existenzphilosoph *Sören Kierkegaard*, der Mensch ist sinnlicher als das Tier, weil er seine Sinnlichkeit in geistiger Wachheit erleben und vollziehen kann.[32] Bei solchem Transzendieren der Sinnlichkeit (je weiter aus ihr heraus und je höher über sie hinaus, desto tiefer in sie und ihren Seinsgehalt hinein) macht

---

32 Vgl. *Kierkegaard*, Entweder – oder, in: Gesammelte Werke, 1.–3. Abt., Düsseldorf – Köln 1950 ff.; dazu vom *Verf.*: Ek-in-sistenz. Positionen und Transformationen der Existenzphilosophie. Einführung in die Dynamik existentiellen Denkens, Frankfurt/M. 1989.

sich als „Prinzip fortschreitender Erkenntnis" ein Streben zur Einheit und zum Guten geltend, welches das Charakteristikum der Liebe ist.

bb) Die Realisierungsweise des geistigen Erkennens besteht in einem Fragen und Antworten, also im inneren Dialog mit dem Seienden. Wie aber ist ihm dabei das Sein bewußt? Prinzipiell gilt: Der Mensch *könnte* nicht nach dem Sein der Dinge fragen, wenn er nicht immer schon ein un-vollkommenes und vor-läufiges (d. h. voraus-laufendes) Wissen um es hätte; er wüßte gar nicht, wonach er fragte und überhaupt fragen sollte. Wüßte er es allerdings schon vollkommen, so *bräuchte* er nicht mehr nach ihm zu fragen. Daraus folgt für seine Daseinssituation und Aufgabe: Er lebt weder in absoluter Finsternis noch in absolutem Licht, sondern in einem Halbdunkel – das er aber mehr und mehr, wenn auch niemals ganz, aufhellen kann.[33]

Darin zeigt unser geistiges Bewußtsein seine „spezifische Menschlichkeit"; diese besteht in der Verschränktheit mit dem sinnlichen Bewußtsein. Durch den „Weg" (vgl. die ahd. Bedeutung von „Sin") der sinn-lichen Emp-findung findet er den ersten Zu-gang zur Wirk-lichkeit; er muss den Weg aber dann durch die ver-nehmende geistige Ver-nunft weitergehen, indem er die Sinneseindrücke auf ihren „Sinn", das heißt ihren wahren Ausdrucksgehalt hin durchleuchtet und ver-innerlicht und so mit dem „Seienden, wie es sich selbst ist", in Berührung und Einheit kommt. Dabei werden die sinnlichen Tätigkeiten (wie schmecken, riechen usw., vgl. II, 2,a und b: über die „äußeren" Sinne) in ihrer geistigen Sinn-tiefe bewußt. Dies ist besonders in der zwischenmenschlichen Begegnung und Beziehung von großer Bedeutung.

Durch sein geistiges „Bewußt-sein" kann der Mensch mehr und mehr *bewußt sein*, in bewußter Weise *sein*. So hält er sich nicht nur vor Augen: „Ich bin und *zusätzlich*: Ich denke, empfinde, spreche usw.", sondern: „*Indem* ich denke, emp-finde, spreche...., *tue* ich im Grunde nichts Anderes als voll-kommener *sein*" (vgl.: II, 1: das wesenhafte Verhältnis von Erkennen und Lieben, b: der Akt-Caharkter des Seins als solchen). Indem der Mensch durch sein geistiges Be-wußtsein beim Sein der Dinge ist, kommt er auch mehr ins eigene Sein und zu sich selbst; „in geistiger Weise *sein*" bedeutet daher sowohl ein *bei den Dingen Sein* als auch *bei sich selbst Sein*, also grundsätzlich und umfassend: ein *Aufwachen zum Sein*.

---

33 *Emerich Coreth* versucht von diesem Ansatz her – durch voranschreitendes Fragen – eine umfassende Seinserkenntnis aufzubauen, in seinem Werk: „Metaphysik. Eine methodisch-systematische Grundlegung", Innsbruck – Wien – München, 2. Aufl. 1964; vgl. dazu auch die Rez. des *Verf.* im Philos. Literaturanzeiger 17(1964)254–264.

Das Wissen um sich selbst ist zunächst nur ein Begleit-bewußtsein: Die Aufmerksamkeit richtet sich *ursprünglich* direkt auf den Gegenstand, d. h. auf eine andere Person oder eine Sache, und umfasst sich selbt nur in-direkt und un-ausdrücklich; ich weiß um mich selbst als denjenigen, der um den Andern (oder um das Andere) weiß. Und ebenso: Ich will mich selbst als denjenigen, der den Anderen bzw. das Andere will. Erst in einem *zweiten* Akt beugt sich das Subjekt auf sich selbst zurück und gewinnt so ein re-flexes Bewußtsein von sich selbst, womit es sich zum Haupt-„Gegenstand" seines Interesses macht. – Etwas Ähnliches ereignet sich bereits auf der sinnlichen Ebene, wenn z. B. ein Hund, der einem Hasen nachjagt, dabei seiner selbst in seiner Begierlichkeit inne wird (vgl. unter I,1,b die Schilderung der Stufen der Evolution); ein Bewußtsein des Seins, vor allem ein reflektierendes Wissen um das eigene Sein, ist hier aber noch nicht gegeben. Beim sinnlichen Selbst-empfinden handelt es sich nur um eine „unvollständige Rück-kehr zu sich selbst", wie es in der philosophischen Tradition beschrieben wird, um eine „Reditio in-completa"; beim geistigen Wissen um das eigene Sein beugt sich die Person hingegen vollständig auf sich selbst zurück („Reditio completa").

cc) Indem das geistige Ekennen also auf das Seiende *als Seiendes* geht, auf das Seiende hinsichtlich seines *Seins*, so ist es grundsätzlich *unbegrenzt offen*. Hätte der Sinngehalt des Seins gegen etwas Anderes eine Grenze, so wäre jenes Andere ja auch ein irgendwie Seiendes – und damit befände es sich letztlich doch „im Horizont des Seins" und der „geistigen Berührbarkeit".

So ließe sich das Thema des geistigen Erkennens *im Bilde eines Achsenkreuzes* darstellen. In der „Horizontale" lägen das Sein der eigenen Person und das der Mit-Menschen sowie aller Ich-Du-Beziehungen und gesellschaftlichen und kulturellen Gemeinschaften. Die „Vertikale" würde sich vom sub-humanen materiellen Kosmos zum absoluten und ewigen göttlichen Sein erstrecken, das den unbegrenzten Horizont des Seins vollkommen erfüllt und Ursprung und Ziel alles begrenzten und zeitlichen Seienden ist.

Um dieser Thematik im Ansatz nachzukommen, ist das Zusammenspiel der beiden Teil-Aspekte oder Teil-Kräfte notwendig, in die sich das geistige Erkenntnisvermögen auszweigt: der Vernunft und des Verstandes.

b) Die „Vernunft"

„*Ver-nunft*" meint die ursprüngliche „Vernehmungskraft" des Geistes, seine unbegrenzte Sinnoffenheit zur gesamten Wirklichkeit, um ihren ideellen Gehalt zu ver-nehmen, lat. „Intellectus" (von „intus legere", d. h. in den sinnlich wahrgenommenen Dingen „lesen"). Im Gegensatz dazu bedeutet *„Ver-stand"* die

Fähigkeit, den Fluß des Geschehens im Bewußtsein zum Stehen und Gegenüber-stehen zu bringen, ihn zum Gegen-stand zu machen und be-grifflich „in den Griff" zu nehmen. Bei *Plato* findet sich die Unterscheidung von „*Nus*" als Intui-tion und „*Diánoia*" als Denken. Ebenso unterscheidet *Thomas v. Aquin* zwischen *Intellectus*, der sich in der Einsicht der Prinzipien einer geistigen Schau nähert (ohne sie jedoch zu erreichen) und *Ratio*, die im abstrahierenden, trennenden und verbindenden Denken fortschreitet.

Die Bezeichnung der Vernunft als Vermögen von intuitivem Erkennen oder von Ein-*sicht* geschieht im Ausgang vom sinnlichen *Sehen*; Vernunft müßte aber ebenso auch von den anderen sinnlichen Akten, wie besonders vom Hören her, gafasst werden. Entsprechend wird in der Tradition (z. B. bei *Aristoteles* und *Thomas v. Aquin*) als erfüllendes Ziel des menschlichen Lebens nur eine lieben-de Gottes-*Schau*, eine „*Visio* beatifica", nicht aber auch eine „*Auditio* beatifica" genannt (wenngleich bei Mystikern auch von einem „göttlichen Liebesgeflüster" die Rede ist); hier macht sich wohl die Einseitigkeit europäischer (im Gegensatz zu asiatischer) Kultur geltend (vgl. II,2,b über die „höheren Sinne").

aa) Wichtig ist eine Unterscheidung von „aktiver" und „passiver" Vernunft: Bei Gewinnung ihrer Inhalte aus der sinnlichen Erfahrung sind nach der griechi-schen und lateinischen Tradition zwei verschiedene Funktionen der Vernunft beteiligt, eine „*aktive*" und eine „*passive*" (oder besser: „*rezeptive*"): Die „aktive Vernunft" (der „Nus poietikós" bzw. „Intellectus agens") ist das Licht, welches das Bild, das die Sinne geben (= die „species sensibilis") beleuchtet und seinen „intelligiblen Gehalt" (das „intelligibile in sensibili") heraushebt; damit erzeugt die aktive Vernunft in der rezeptiven Vernunft (dem „nus pathetikos" bzw. „intel-lectus passibilis") eine „intelligible Gestalt" („species intelligibils"), kraft derer die so „befruchtete" Vernunft die Einsicht vollzieht. Kurz: Die „aktive Vernunft" zieht aus dem Sinnenbild einen ein-sichtigen oder ein-sehbaren Sinn-gehalt heraus, den die „empfängliche Vernunft" als solchen ein-sieht. Dieses Heraus-ziehen (lat. wörtlich: Ab-strahieren) schafft einen ab-strakten Be-griff (nicht eigentlich eine „Idee", wenn man diesen Ausdruck einer vollen geistigen Schau vorbehält). Damit ist die Grundlage für die Tätigkeit des *Verstandes* gegeben, die im Operieren mit abstrakten Begriffen, im diskursiven Denken besteht.

bb) Man unterscheidet traditionell „Theoretische" und „Praktische" Vernunft, je nachdem ob Vernunft sich zur Wirklichkeit nur hinnehmend und darstellend, oder verändernd bzw. schöpferisch verhält.

Man spricht von einer „schöpferischen Idee", wenn nicht nur ein theoreti-sches Erkenntnisinteresse am Werke ist, sondern zu einem praktischen Handeln angeregt werden soll, um etwas Neues zu schaffen. Wenn z. B. ein Bildhauer eine

Steinform oder der Komponist ein Tonkunstwerk „kon-zipiert", so will er damit neue Möglichkeiten der Wirklichkeitsbegegnung eröffnen. Diese Schöpfungen können auch eine „gesellschaftskritische" Intention verfolgen, indem sie gewisse Mißstände der Zeit „anschaulich" machen und so zu deren Veränderung aufrufen. Oder: Durch „schöpferische Gestaltung" gewisser Eindrücke von einer Person kann eine „geistige Schau" dieses Menschen entstehen, die einen tieferen Zugang zu ihm erschließt und ein neues Verhalten ermöglicht.

Nach *Immanuel Kant* bildet die „*theoretische Vernunft*" drei höchste „transzendentale Ideen" aus, die den grundlegenden Bereichen der Erkenntnis zugeordnet sind: 1. die *Idee der Welt* als „Inbegriff der äußeren Erfahrung", 2. die *Idee der Seele* als „Inbegriff der inneren Erfahrung", und 3. die *Idee Gottes* als letztes Prinzip der Erkenntnis, das die äußere und die innere Erfahrung als Einheit umfasst und insofern zu aller Erfahrung notwendig „hinzugedacht" werden muß; er nennt sie „das transzendentale Ideal der theoretischen Vernunft".

Zur „theoretischen Vernunft" in Entsprechung steht nach *Kant* die „*praktische Vernunft*", die das Sittengesetz als das Prinzip des sittlichen Handelns „setzt". Dabei stellt die „praktische Vernunft" *drei „metaphysische Postulate"* auf:

Das *1. Postulat* ist die „Freiheit des menschlichen Willens", ohne die sittliches Handeln nicht möglich wäre. Sie steht im Gegensatz zur Kausaldetermination der Dinge der Welt und hat damit Bezug auf die 1. Idee der „theoretischen Vernunft".

Das *2. Postulat* ist die „Unsterblichkeit der menschlichen Seele". Denn dadurch kann die im Diesseits erfahrene Ungerechtigkeit in einem Jenseits ausgeglichen werden – und ohne einen solchen angemessenen „Trost" wäre sittliches Handeln gleichfalls unmöglich. So besteht ein Bezug auf die 2. Idee der „theoretischen Vernunft".

Das *3. Postulat* ist die „Existenz Gottes". Denn durch diese ist das 1. und 2. Postulat garantiert. Hier ist offensichtlich ein Bezug auf die 3. Idee der „theoretischen Vernunft" gegeben.

Wie sich zeigt, ist Vernunfterkenntnis auf Synthese von Elementen zur Einheit ausgerichtet. Damit steht das „Prinzip Liebe" im Hintergrund, aus dem die Einheit als das „anstehende Gute" hervorgeht. Das sagt Kant allerdings nicht, denn bei ihm erschöpft sich „Liebe" in einem „sinnlichen Affekt" (siehe die letzte Anmerkung in unserer Einleitung).

c) Der „Verstand"

Der *Verstand* stellt im Verhältnis zur Vernunft als der Vernehmungskraft des Geistes, die zum Sinn der Wirklichkeit geöffnet ist, ein untergeordnetes geistiges Erkenntnisvermögen dar, das der Vernunft durch „analytisch-diskursives" und

„synthetisch-konstruktives" Denken dienen soll. Dabei folgt er den Gesetzen der „Logik", indem er zunächst (aa) die von der Vernunft durch „Abstraktion" gewonnenen *Begriffe* zu *ordnen* sucht, dann (bb) diese zu *Urteilen* bzw. *Sätzen* verbindet, aus denen er (cc) *„logische Schlüsse"* und *„rationale Methoden"* zusammenfügt; sie führen zur Erkenntnis größerer Zusammenhänge, die durch die Vernunft bewertet werden. Daran fügen wir noch (dd) eine Betrachtung über *„analoge"* und *„mystische"* Erkennnis. Den Abschluß (ee) bildet eine *Zusammenfassung* über das Verhältnis von Vernunft und Verstand.

aa) Das *Ordnen von Begriffen* geschieht durch *Einteilung, Klassifikation* und *Definition.*

aaa) „Ein-teilung" bedeutet die Teilung des Umfangs von Begriffen; dies geschieht durch Hinzufügung von weiteren Merkmalen zu seinem Inhalt. Zum Beispiel: Der Umfang des Begriffs „Sinnenwesen" wird in zwei Bereiche geteilt, indem man ihm das Merkmal „geistbegabt" einerseits zuspricht und andererseits abspricht; man fügt also die Position oder die Negation dieses Merkmals hinzu. Im ersteren Fall konstituiert man den Begriff „Mensch", im letzteren den Begriff „Tier" (vgl. I,1). Das ist ausgedrückt in dem *logischen Gesetz*: „Je größer der Inhalt, desto kleiner der Umfang" und: „Je kleiner der Inhalt, desto größer der Umfang".[34]

bbb) Steigt man also bei der „Ein-teilung" gewissermaßen vom größeren zum kleineren Umfang (das heißt: einem bloßen „Teil-Umfang") ab, so bei der „Klassifikation" umgekehrt vom kleineren Umfang zum größeren auf: Bei zwei vergleichbaren Begriffen wird der gemeinsame Teil-Inhalt herausgenommen und als höherer umfassender Begriff darüber gesetzt; dieser wird dann als ihr „Klassenbegriff" bezeichnet. In unserem Beispiel heißt das: Die Menschen und die Tiere gehören beide der „Klasse der Sinnenwesen" an.

ccc) Die „De-finition" verbindet beides: Man vollzieht zunächst eine Klassifikation, wobei man den gewonnenen höheren Begriff als *„Gattungsbegriff"* betrachtet. Von diesem steigt man dann wie bei einer Einteilung wieder ab zum Ausgangsbegriff, indem man dessen vorher zurückgelassenen Teilinhalt wieder hinzufügt. So wird

---

34 Dieses Gesetz gilt allerdings nur, wenn das hinzugefügte Merkmal etwas Neues beinhaltet. Es trifft daher nicht bei den so genannten „transzendentalen" Begriffen zu, wie Seiendes, Einheit, Wahres, Gutes, die alle begrenzten Bereiche übersteigen; z. B. zum Begriff „Seiendes" kann nichts hinzugefügt werden, das nicht selbst wiederum ein „Seiendes" wäre. Vgl. vom *Verf.:* Dimensionen der Wirklichkeit. Argumente zur Ontologie und Metaphysik, Frankfurt/M. 2004; dort bes. Kap. 2,2 über den unbegrenzten Umfang und zugleich (unausdrücklich) unbegrenzten Inhalt des Begriffs des Seienden.

ein „*Artbegriff*" durch die „art-unterscheidende Differenz" von den anderen Arten unter derselben Gattung ab-gegrenzt, das heißt lat. wörtlich „de-finiert". In unserem Beispiel: Der Begriff Mensch wird als Art-begriff definiert, indem man „Sinnenwesen" als die nächst höhere Gattung heraushebt und zu ihm die „Geistbegabtheit" hinzufügt – als dasjenige Merkmal, durch das sich der Mensch von anderen Sinnenwesen unterscheidet. Der entsprechende *Lehrsatz* lautet: Die Definition geschieht durch die nächst höhere Gattung und die spezifische Differenz („Definitio fit per genus proximum et differentiam specificam").

Damit ist die Vollform der Definition, die „Wesensdefinition" erklärt. Da aber in sehr vielen Fällen das Wesentliche, das die Art und die artspezifische Differenz ausmacht, nur unvollkommen erkennbar ist, wird man sich meistens mit einer empirischen oder „phänomenologischen" Beschreibung begnügen müssen, das heißt einer Zusammenstellung der in der Erfahrung regelmäßig wiederkehrenden Eigenschaften des „Phänomens Mensch", also etwa: „Der Mensch ist ein Wesen, das weinen und lachen kann und das über eine Sprache und eine bestimmte Körpergröße usw. ... verfügt." Da es sich aber um Eigenschaften ein und derselben „Erscheinung Mensch" handeln soll, so bleibt stets die Frage, worin denn das „Wesentliche" dieser Erscheinung besteht; bei aller „empirischen Phänomenologie" wird also eine wenigstens anfängliche Wesenserfassung und Wesensabgrenzung vorausgesetzt.

bb) Eine weitere Aufgabe des Verstandes ist es, die Begriffe zu *Urteilen* bzw. *Sätzen* zusammenzufügen.

aaa) Dabei ist zuächst zu sehen, dass das Urteil nicht nur ein zusammgesetzter Begriff ist, sondern eine *Aussage über das Seiende*; es macht zum Beispiel einen Unterschied, ob ich lediglich den Begriff „kluge Frau" bilde oder sage: „Diese Frau *ist* klug". Dieser Bezug auf das Sein ist auch schon in der *Frage* gegeben, die im lebendigen Dialog des Geistes zur Aussage als Antwort hinführen will (vgl. II,3,a: Der Weg von er sinnlichen zur geistigen Erkenntnis).

Jede Aussage besteht aus 3 Begriffen: dem „Subjektsbegriff", der den Gegenstand anvisiert, über den die Aussage gemacht wird (in unserem Falle: die Frau), dem „Prädikatsbegriff", der das was ausgesagt wird beinhaltet, und der Kopula „ist", die den Prädikatsbegriff mit dem Subjektsbegriff verbindet und so den Inhalt des Prädikatsbegriffs auf den Gegenstand des Subjektsbegriffs bezieht und über ihn aussagt.

bbb) Wenn der Gegenstand so *ist* wie es das Urteil sagt, so ist das Urteil „wahr". „*Wahrheit*" ist also *die Eigenschaft eines Urteils*, mit dem Seienden übereinzustimmen; sofern das Urteil ein gedankliches oder „logisches" Gebilde ist, spricht man hier von „*logischer Wahrheit*". Ihr entspricht die „*onto-logische Wahrheit*" als *die Eigenschaft des Seienden*, mit dem Urteil übereinzustimmen; vgl. z. B. die Rede von „wahrem Gold" (im Gegensatz zu nur scheinbarem Gold). Wenn die Wahrheit *erkannt* wird, so spricht man von „*Un-verborgenheit des Seins*" (= griech. „A-letheia", von griech. „Lethe", Schleier), wobei das Seiende dem erkennenden Geist „ein-leuchtet"; die Sache – sowie das Urteil – ist „*e-vident*".

Es sind also zu unterscheiden: 1. das *Wahr-sein* (eines Seienden bzw. eines Urteils), 2. die *Erkenntnis (bzw. die E-videnz) dieser Wahrheit*, und 3. das *Für-wahr-Halten eines Urteils* oder die „*Gewißheit*"; sie ist ein Akt des Willens, mit dem man die Unwahrheit des Urteils ausschließt. Dieser Willensakt muß in der Evidenz, im Einleuchten der Sache fundiert sein. – Ein „Urteil aus dem Glauben" findet seine vernünftige Begründung jedoch nicht unmittelbar aus der Evidenz des Urteils bzw. der Sache, sondern zunächst aus der Evidenz der Glaubwürdigkeit des Zeugen (vgl. II,2,b: die höheren Sinne, dort die letzten Passagen).

ccc) Dies führt zu den so genannten „logischen Prinzipien". Die Wahrheit eines Urteils, z. B.: „Dieser Hund bellt" wird dadurch noch „*gefestigt*", dass das widersprechende, das "kontradiktorische" Urteil: „Dieser Hund bellt nicht" nicht wahr sein kann. Dies ist das von *Aristoteles* aufgestellte logische Prinzip *vom „Nicht-Widerspruch*". Es gründet in dem „*onto-logischen Satz*": „Ein Seiendes, *insoweit es ist*, kann nicht *zusätzlich* auch noch nicht sein". (Dieser Satz schließt jedoch nicht aus, dass das Seiende in der betreffenden Hinsicht und zu der betreffenden Zeit auch nicht sein könnte, *anstatt* zu sein.)

Das Prinzip vom Nicht-Widerspruch wird flankiert vom „*Prinzip vom ausgeschlossenen Dritten*", das besagt, dass es zwischen Sein und Nichtsein nichts Drittes geben kann. Denn dieses wäre aufgrund seiner Verschiedenheit vom Seienden ein Nicht-Seiendes und aufgrund seiner Verschiedenheit vom Nicht-Seienden ein Seiendes. Also läßt sich sowohl von der Wahrheit eines Satzes auf die Unwahrheit des widersprechenden Satzes als auch von der Wahrheit des widersprechenden Satzes auf die Unwahrheit des Ausgangssatzes schließen.

ddd) Es erhebt sich noch die Frage nach der jeweiligen *Erkenntnisquelle der Wahrheit*. Diese liegt für kontingente Sätze (das heißt: für Sätze, die keinen notwendigen Wesenszusammenhang ausdrücken und daher von sich aus, anstatt wahr zu sein, ebenso auch unwahr sein könnten), in der *Erfahrung*. Zum Beispiel weiß ich von der Wahrheit des Satzes: „Dieser Apfel ist süß" erst im Nachhinein (*Kant* sagt lat.: „*a posteriori*") zu einer entsprechenden Erfahrung. Dem gegenüber läßt sich die Wahrheit von Sätzen, die einen notwendigen Wesenzusammenhang ausdrücken, schon aus einem *Vergleich der betreffenden Wesensgehalte (also „intuitiv*", aus „geistiger Anschauung") wahrnehmen, und damit unabhängig von jeder

Erfahrung und im Vorhineinein zu ihr (*Kant* sagt: „*a priori*"), z. B. bei dem Satz: „2 Äpfel plus 3 Äpfel ergeben 5 Äpfel". Wenn jemand sagen sollte, er habe bei einer Apfelsorte erfahren, dass 2 plus 3 Exemplare 10 ergeben, so wissen wir, dass eine solche Behauptung unmöglich zutrifft – nicht etwa, weil unser Verstand faktisch danach gebaut ist, *so denken zu müssen* (wobei er aber auch anders veranlagt sein könnte), sondern weil dies *von sich selbst her ein-sichtig* ist. Dabei können die verwendeten Zahlen-*Begriffe* durchaus aus der Erfahrung stammen (durch Abstraktion, wie oben beschrieben), aber die Wahrheit der mathematischen *Aussage* wird nicht erst aufgrund entsprechender regelmäßiger Erfahrung gewonnen.

Dasselbe wie für mathematische Verhälnisse gilt allgemein für logische und onto-logische Prinzipien, wie das Prinzip vom „Nicht-Widerspruch" oder das Prinzip vom „Ausgeschlossenen Dritten", – oder auch für das *„Prinzip vom notwendigen Grund"*, das besagt: „Alles Seiende hat einen Grund seines Seins, von dem her entschieden ist, dass es ist anstatt nicht zu sein (oder *so* ist anstatt nicht *so* zu sein)". Daraus folgt das so genannte *„ontologische Kausalprinzip"*: „Alles was entsteht, kommt nicht aus nichts, sondern es ist duch das Wirken von etwas „Wirk-lichem", einer Ursache. Denn das „Nichts" ist eine reine „Fiktion", ein blosses Gedankending („ens rationis") und kein reales Etwas; so kann auch nichts aus „ihm" kommen (vgl. I,1,b: über die philosophische Frage nach der Seinsgrundlage der Evolution, und II,3,c, aa: über die Einteilung und den Umfang der Begriffe, insbesondere über den Begriff des „Seienden").

cc) Nach dem Ordnen von *Begriffen* und dem Bilden von *Aussagen* (bzw. Urteilen und Sätzen) ist eine weitere synthetische Leistung des Verstandes das Ziehen eines *logischen Schlusses* (im Sinne eines *„Dreisatzes"*) und das Vorgehen nach einer *rationalen Methode*.

aaa) Ein *logischer Schluss* besteht im Zusammen-schluss von zwei Sätzen in einer solchen Weise, dass daraus ein dritter Satz „logisch folgt", so dass man sagen kann: „*Wenn* die beiden ersten Sätze (= die ‚Voraus-Setzungen') wahr sind, so ist auch der dritte Satz (= der ‚Schluss-Satz') wahr. In dem Falle, dass die Voraussetzungen tatsächlich wahr sind und als wahr erkannt werden, spricht man von einem *„Be-weis"*, also: „*Weil* die Voraus-Setzungen wahr sind, so ist auch die Schluss-Satz wahr".

Damit ergibt sich „erkenntnistheoretisch": Während der Wahrheitsaufweis von einfachen Sätzen, die einen Wesenszusammenhang ausdrücken, durch *unmittelbares Hin-Schauen* erfolgt, stellt ein Beweis eine *mittelbare Erkenntnis* dar: *Mittels* der einsichtigen Voraussetzungen (und der Einsichtigkeit des Schluß-verfahrens) erkennt man die Wahrheit des Schluss-Satzes; zum Beispiel: Mittels der Erkenntnis der in Evolution befindlichen Welt, im Durch-Blick durch sie, geschieht auch ein Hin-Blick auf den Schöpfer.

In der „logischen Form" eines Dreisatzes ausgedrückt: 1. Die Welt existiert als evolutionärer Prozeß, in dem fortwährend neues Sein entsteht. 2. Dieses kann aber nicht aus nichts kommen, sondern verlangt eine wirkende Seins-Quelle. 3. Also existiert eine umfassende Seinsquelle – an der dann die Züge „Gottes" hervortreten (vgl. I,1,b).

Damit folgt das Denken einer *„rationalen Methode"*, das heißt einem begrifflichen „Weg", der zu einer neuen Erkenntnis hin-ver-mittelt. Es sind vor allem zwei rationale Methoden näher zu charakterisieren: die *De-duktion* und die *In-duktion*.

bbb) Die *De-duktion* – wörtlich: „Ab-leitung" – ist der Schluss vom Allgemeinen zum weniger Allgemeinen oder Besonderen (im Grenzfall: zum ebenso Allgemeinen). In unserem obigen Beispiel rationaler Gotteserkenntnis ist der 2. Satz das durch Wesenseinsicht gewonnene Allgemeine (Alles was entsteht, verdankt sich dem Wirken einer Ursache), dem gegenüber der 1. Satz ein durch Analyse der Erfahrung gewonnenes Besonderes darstellt (Die Welt ist ein fortlaufender Entstehungsprozeß), auf das sich der 3. Satz bezieht. Oder ein anderes Beispiel: 1. Die Seele des Menschen ist nicht aus Teilen zusammengesetzt. 2. Alles was nicht aus Teilen zusammengesetzt ist, ist unauflöslich. 3. Die Seele des Menschen ist unauflöslich. Hier liegt dieselbe erkenntnistheoretische und logische Struktur vor wie im ersten Beispiel.

ccc) Während die De-duktion vom Allgemeinen zum Besonderen „absteigt", sucht die *In-duktion* (griech.: Epagogé) aus regelmäßig beobachteten Einzelfällen ein allgemeines Gesetz zu gewinnen, das auch für die nicht beobachtbaren Fälle gilt (wie in den Naturwissenschaften und der empirischen Psychologie). So versucht sie nicht nur eine „Verallgemeinerung der Erfahrung", sondern auch eine „Hinein-führung in die Natur der Dinge".

Dabei beruft man sich auf das unmittelbar einsichtige *ontologische Prinzip vom „hinreichenden Grunde"*: Denn eine Regelmässigkeit kann nicht durch "Zufall" erklärt werden, sondern setzt einen Grund voraus, der unter allen möglichen Verhaltensweisen des betreffenden Seienden die eine, regelmässig wiederkehrende festlegt und die anderen ausschließt. So hätte etwa bei einem Würfel jede Seite an sich eine gleich große Möglichkeit, beim Wurf nach oben zu kommen. Wenn nun bei einer hinreichend großen Zahl von Würfen regelmäßig eine Seite bevorzugt wird, so muss ihr von irgendwoher das offenbare Mehr an Möglichkeit zufließen (z. B. durch einen ungleichen Schwerpunkt in der Beschaffenheit des Würfels, oder durch einen Kunstgriff beim Werfen). Entsprechend läßt die beobachtete

Regelmäßigkeit beim Verhalten des Seienden auf einen allgemeinen Grund in seiner „Anlage" oder „Ausrichtung" schließen, der dann in einem *Natur-Gesetz* zum Ausdruck kommt. Ausnahmen sind dabei nie absolut auszuschließen; das Verhalten könnte sich ändern, wenn die Umstände wechseln, unter denen es bisher betrachtet wurde. *Daher dürfte der „Induktions-Schluss" eine umso höhere Gewissheit an sich tragen, je größer die Zahl der beobachteten Fälle ist und je mehr Variationsmöglichkeiten der Umstände in Betracht gezogen wurden.* Hier ist die Variation der Verhaltensbedingungen durch gezielte „Experimente" wichtig. Ein vertretbarer Induktionsschluß verlangt den Blick aufs Ganze durch die „theoretische" und die „praktische" Vernunft.

Neben Deduktion und Induktion werden vor allem noch *vier weitere Methoden* genannt, die aber nur eingeschränkt als „rationale Methoden" gelten können: die *phänomenologische,* die *erklärende* und die *verstehende,* und die *hermeneutische* Methode.

ddd) Die *phänomenologische Methode* besteht in der systematischen Beschreibung des inneren Sinnzusammenhangs (also des „Logos") eines Phänomens, seiner Teile unter sich und mit dem Ganzen.

eee) Die *erklärende* und die *verstehende Methode* wurden grundlegend von *Wilhelm Dilthey* ins Spiel gebracht. Demnach richtet die „er-klärende Methode" den Blick in die Vergangenheit und sucht ein Seiendes auf seine Ursachen zurückzuführen, was mit Hilfe der Induktion geschieht. Die „ver-stehende Methode" hingegen richtet den Blick auf die Zukunft und sucht ein Seiendes in Anbetracht des Ziels, um dessentwillen es hervorgebracht wurde, dem Verständnis näher zu bringen. Erstere ist die tragende Methode der Naturwissenschaften, letztere die der Geistes- und Kulturwissenschaften. So kann z. B. ein in der Zeit des Marxismus entstandenes Bild dadurch „verstanden" werden, dass man es im Zusammenhang jener Ideologie betrachtet, deren Veranschaulichung und Verbreitung es dienen soll.[35]

fff) Die *hermeneutische Methode* (von griech. Hermes, dem „Götterboten") gilt als eine besondere Art von verstehender Methode. Sie vollzieht *in 3 Schritten* eine *Kreisbewegung* (einen so genannten *„hermeneutischen Zirkel"):* In einem *1. Schritt* wird z. B. eine historische Kultur nach dem gegenwärtigen (vielleicht sehr begrenzten) Stand der Forschung beschrieben, wobei ein bestimmter

---

35 Vgl. vom *Verf.*: Das ek-in-sistentielle Verhältnis von Natur- und Geisteswissenschaften in der abendländischen Kultur, in: *ders.*: Entwicklung zur Menschlichkeit durch Begegnung westlicher und östlicher Kultur, S. 171–186, a a O (siehe Schlusanmerkung zu I,5).

Fundgegenstand sich nicht einordnen und deuten läßt. In einem *2. Schritt* wird dieser Gegenstand als Problem und als „Frage" der betreffenden Kultur geistig gegenübergestellt. Ein *3. Schritt* versucht dann ein Zweifaches: (a) den Gegenstand aus dem kulturellen Zusammenhang heraus zu identifizieren (etwa als zeitgemässes Schmuckstück) und (b) damit ein detaillierteres Verständnis jener Kultur zu gewinnen – womit die Methode zu ihrem Ausgangspunkt zurückkehrt und der „hermeneutische Zirkel" sich vollendet. Unmittelbare Intuition und logische Schlußfolgerung müssen dabei Hand in Hand gehen.

Einen noch stärkeren Anteil der Vernunft an der Verstandeserkenntnis zeigt die *„analoge"* Erkenntnis und einen nochmals stärkeren die *„mystische"* Erkenntnis.

ggg) Die *Erkenntnisweise der „Ana-logie"* (das Wort bedeutet: „nach einem Verhältnis", das heißt: „nach einer Ähnlichkeit") spielt beim „Erkenntnis-Aufstieg" von der Welt zu Gott eine zentrale Rolle: Gott wird erkannt nach dem „Verhältnis einer gewissen Ähnlichkeit", das die Seinsgehalte der Welt zu ihm als ihrem Ursprung haben. Dabei geht man *in drei Schritten* vor: *Erstens* werden diejenigen Inhalte der Welt, die von sich aus keinerlei Begrenzung oder Unvollkommenheit besagen, auch auf Gott bezogen, nämlich die so genannten *„reinen* Vollkommenheiten" wie Sein, Leben, Wahrheit, Schönheit, und die *„geistigen* Vollkommenheiten" wie Weisheit, Liebe, Macht. *Zweitens* wird die begrenzte und unvollkommene Weise, wie sie in der Welt gegeben sind, in bezug auf Gott negiert. Von daher – *drittens* – werden die genannten Gehalte in höherer, genauer: in unbegrenzter und absolut vollkommener Weise, von Gott ausgesagt. Der erste Schritt heißt „via positionis", der zweite Schitt „via negationis", der dritte Schritt „via eminentiae". Als Beispiele lassen sich „Sein", „Leben", „Weisheit", „Liebe" nennen: Diese Gehalte können von den Seienden in der Welt mit nur begrenztem Recht ausgesagt werden, von Gott aber (und nur von ihm) mit uneingeschränkter Wahrheit. Die Feststellung: „Gott wird ‚per analogiam' erkannt" meint also: „Gott wird erkannt durch die (entfernte) Ähnlichkeit hindurch, die die Welt zu ihm hat. Hierbei ist jedoch, wie z. B. *Thomas v. Aquin* sagt, die Unähnlichkeit um ein Unendliches größer als die Ähnlichkeit. Das heißt: Der unbegrenzte Gott geht in unser begrenztes Erkenntnisvermögen begrenzt ein und zugleich unbegrenzt über es hinaus. Die Aussage: „Gott ist Leben, er ist Weisheit und er ist Liebe" ist einerseits eine sinnvolle und als wahr erkennbare Aussage; andererseits aber wissen wir nur sehr begrenzt, was sie bedeutet; *Nikolaus von Kues* spricht von „Wissen wie durch Nicht-Wissen", *Hans André* von „Annäherung durch Abstand" (siehe I,1,b und I,3,b). Beim Fort-schritt der drei Schritte und auch beim ersten und beim zweiten Schritt handelt es sich primär um rationale Akte des Verstandes, hingegen beim Erfassen der Aussage des dritten Schrittes um eine schwache, mehr „ahnende" Intuition der Vernunft.

hhh) Noch größer ist der Anteil der intuitiven Vernunft bei der „*mystischen Erkenntnis*"; oft ist auch die Rede von einer „mystischen *Schau*". Der Ausdruck leitet sich her von griech. „myein", d. h. sich nach innen hin abschließen (um in sich das „geistige Licht" Gottes zu erfahren oder Gott zu „hören"). Dabei sind vielfach alle Sinne in ihrer geistigen Tiefe in Bewegung. Das rationale, in den drei Schritten der Analogie sich vollziehende Denken ist *integriert* und wird zugleich wesentlich *transzendiert*; Mystik ist nicht etwas Irrationales, sondern eher etwas *Über-rationales*.

Und hier rückt die Liebe, die bisher mehr im Hintergrund als treibende bzw. ziehende Kraft wirkte, zentral in den Vordergrund: Das mystische Erleben ereignet sich aus der Liebe heraus und auf eine Steigerung der Liebe hin: Die Liebe manifestiert sich als das „spezifische Prinzip" der mystischen Erkenntnis; Mystik ist liebendes Erkennen und erkennendes Lieben, bei ihr sind Erkennen und Lieben eins.[36]

iii) Zusammenfassend: Letzlich unter dem „Leitstern der Liebe" lassen sich „Vernunft" und „Verstand" einander zuordnen: Den Anfang und die Grundlage aller geistigen Erkenntnis bildet die vernehmende und empfangende Vernunft. Da deren Fähigkeit aber begrenzt ist, muss sie gleichsam sich durch den analysierenden und synthetisierenden Verstand „hindurcharbeiten", um die Aussage der Wirklichkeit deutlicher und differenzierter aufzunehmen; dabei aber ist der Verstand fortwährend auf die lenkende Vernunft angewiesen.

Weder ein „unvernünftiger Verstand" noch eine „unverständige Vernunft" sind ganz sie selbst. Der Mensch schwebt permanent in Gefahr, „nach oben" oder „nach unten" das „Gleichgewicht" zu verlieren und entweder in eine vage Flucht utopischer Ideen abzuheben oder in einem vordergründigen Genuß des Hier und Jetzt zu versinken; er ist sich selbst in einer Weise gegeben, in der er zugleich sich auf-gegeben bleibt – und so bedeutet sein Leben ein „sinnvolles Wagnis".

---

36 Zur „analogen" und zur „mystischen" Erkenntnis vgl. auch unsere letzte Anmerkung in I,5 (im Anschluß an die Betrachtung der „Religion als Heimat" und des „Buddhismus") über die Einseitigkeit einer rein „negativen Theologie". - Zur näheren Erläuterung der „analogischen Methode" und ihrem wesentlichen Unterschied gegenüber dem Versuch einer Annäherung an Gott durch bloße „dialektische Verschränkung positiver und negativer Aussagen" vgl. vom *Verf.*: Natürliche Theologie. Grundriss philosophischer Gotteserkenntnis, S. 166–176, a a O (letzte Anm. von I,1).

In dieser ek-sistentiellen Heraus-forderung sind die Generationen aufeinander verwiesen: Während die Jugend leicht sich in einem unduldsamen „Idealismus" überhebt, neigen Erwachsene eher zu einem matrialistischen „Realismus".

Dabei tritt das „Prinzip Liebe" in seiner nicht nur theoretischen, sondern auch – und vielleicht mehr noch – in seiner praktischen Bedeutung hervor. So sind wir nun auf den III. Teil unserer Betrachtung vorbereitet.

III. Liebe als Prinzip des Handelns

Im I. Teil wurde gezeigt, wie die Liebe sich grundlegend auf das Sein bezieht und sein Prinzip ist.

Das Sein aber tritt in der Erkenntnis aus sich hervor und sich gegenüber. So konnte der II. Teil zeigen, wie die Liebe auch Prinzip des Erkennens ist und es in seiner sinnlichen und geistigen Dimension entfaltet.

Aus dem Gegenüber-stand zu sich im Erkennen und Bewußtsein kann das Sein nun kraft der Liebe sich bejahen, in sich hineingehen und sich mit sich „identifizieren". (Vgl. zum Verhältnis Sein-Erkennen-Wollen bzw. Lieben: II,1, dort bes. die 1. Anmerkung.) Dies verwirklicht und konkretisiert sich in einem entsprechenden Handeln. So ist die Liebe letztlich auch das Prinzip des Handelns, wie nun der III. Teil näher zeigen soll.

Wir gliedern nach dem Handeln 1. gegenüber Gott, 2. gegenüber der eigenen Person, 3. gegenüber dem Mit-Menschen, und 4. gegenüber der Natur und dem Kosmos.[37]

1. Das Handeln gegenüber Gott

Die Liebe als Prinzip des Handelns ist „exemplarisch" im christlichen Liebesgebot ausgedrückt, das auch der menschlichen Vernunft entspricht.[38]

Das Liebesgebot lautet sinngemäß: „Liebe Gott mit allen deinen Gedanken, aus ganzer Seele, aus tiefstem Herzen und mit ganzer Kraft – und deinen Nächsten

---

37 Diese vier Gegenstandsbereiche lassen sich auch in einem „Achsenkreuz" darstellen, bei dem in einer „Vertikale" Gott und die Natur angeordnet sind, und in einer „Horizontale" die eigene Person und der Mitmensch (vgl. den letzten Abschnitt von II,3,a,cc).

38 Der Annahme, dass das Liebesgebot als vernünftig der menschlichen Natur tief eingeschrieben ist, widerspricht nicht, dass hier in hohem Masse auch Egoismus, Gewalttätigkeit und Aggressionen angelegt sind; vgl. den Befund des Verhaltensforschers *Konrad Lorenz*: „Das sogenannte Böse. Zur Naturgeschichte der Aggression", TB 1998. Die christliche Tradition spricht von einer „Gefallenheit der menschlichen Natur", die sie mit der (Erb-)Sünde in Verbindung bringt. Dabei ist zu sehen, dass der Mensch – im Unterschied vom Tier – aufgrund seiner geistigen Erkenntnisfähigkeit zwischen „berechtigter" und „unberechtigter" Aggression sehr wohl zu unterscheiden vermag. Eine „berechtigte Aggression" käme z. B. als Mittel der Notwehr im Falle unumgänglicher Selbstverteidigung in Betracht; sie wäre dann u. U. das vergleichsweise „geringere Übel".

wie dich selbst" (Mk 12,28–31; Mt 22,34–40; Lk 10,25–37). Die Liebe zur Natur ist hier nicht thematisiert; sie ist aber als Daseinsgrundlage und -bedingung des Menschen im 2. Teil des Liebesgebots unausdrücklich eingeschlossen.

Fragen wir nun (a) nach seiner *inhaltlichen Struktur* und (b) nach der *Form* seiner *Realisierung*.

a) Seine inhaltliche Struktur

Blicken wir zunächst auf seine *inhaltliche Struktur*:

aa) Es sagt in seinem 1. Teil, dass man Gott total und bedingungslos, nämlich *aus seinem ganzen Sein heraus* lieben solle: aus dem Geiste, aus der „Seele" und aus dem „Herzen" als der lebendigen Mitte seines Leibes, und das mit größtmöglichem Einsatz.

bb) Dies ist das *Fundament* des 2. Teils des Liebesgebotes, der sich auf den Nächsten bezieht und der, wie es heißt, dem 1. Teil „gleichgestellt" ist – weil der Mensch als „Ebenbild" Gottes und als Ausdruck seines Willens zu betrachten ist. Das Bemühen um Gottesliebe wäre daher ohne tätige Menschenliebe nicht „ernsthaft" und nicht „umfassend", und die Liebe zum Menschen ohne Gottesliebe nicht „fundiert"; wenn man Gott nicht liebt und vertraut, liebt man den Menschen nicht „von (göttlichem) Grund" auf. Es handelt sich um ein und dasselbe Gebot – und es ist unangemessen, wie es leider oftmals geschieht, bei seiner Zitierung einen Teil wegzulassen.

cc) Ferner: Die Konjunktion im 2. Teil: „Liebe deinen Nächsten *wie* dich selbst" ist gewiss nicht so zu verstehen, als solle die Liebe zu sich selbst das „Modell" der Liebe zum Mitmenschen sein. Denn die Selbstliebe ist in ihrer faktischen Beschaffenheit meist nicht in Ordnung und von Egoismen oder Konflikten mit sich selbst betroffen; man stuft sich selbst in der Regel entweder zu hoch oder zu niedrig ein. Die Selbst-Liebe ist daher gemeinsam mit der Du-Liebe als Gebot und als Aufgabe aufzufassen und beide sind in der Reihenfolge prinzipiell vertauschbar: „Liebe den Andern wie dich selbst und dich selbst wie den Andern!" – weil *beide* von Gott als sein "Bild" gedacht und in ihrer Existenz gewollt sind.

dd) Schließlich: Wenn es heißt, man solle den *„Nächsten"* lieben, so bedeutet dies keineswegs den Ausschluss anderer Menschen und eine Einschränkung der mit-menschlichen Liebe, sondern vielmehr ihre Konkretion: „Liebe den Andern, wo immer er dir begegnet und nahe kommt; vgl. das Gleichnis Jesu vom „Barmherzigen Samariter". Außerdem ist gerade heute im Zeitalter der Technik mit ihren universalen Auswirkungen – wie *Hans Jonas* in seinem Buch „Prinzip

Verantwortung" betont – in die „Nächstenliebe" ebenso eine „Fernstenliebe" ein-
zuschließen. Insofern bringt die geschichtliche Entwicklung der Menschheit auch
ein fortgeführtes Verständnis des Liebesgebots mit sich (vgl. unsere „Einleitung").

b) Die Form der Realisierung: empfangen und geben

Die Form der Realisierung dieses Liebesgebots, das Gott, Mensch und Natur umfaßt, hat den wesentlichen Charakteristica der Dinge und ihrem Verhältnis zum
göttlichen Grund zu entsprechen (vgl. dazu I,1,b). Daraus ergibt sich: Das Gebot
verlangt die doppelte Bereitschaft, sowohl sich vom Schöpfer, vom Menschen
und von der Natur ansprechen zu lasssen, das heißt sich zu öffnen und zu *empfangen*, als auch sich zu *geben* und ver-antwortlich einzusetzen.

aa) Hier hat der Existenz- und Begegnungsphilosoph *Martin Buber* wesentliche Anregungen gegeben, indem er das menschliche Sein als ein *Her-sein von
Gott* und *Hin-sein auf Gott* verstand.[39] Seine Argumentation folgt in etwa drei
Schritten:
   In einem *1. Schritt* geht er aus von der Erfahrung der *Sprache*; diese ist nach
Buber tiefster Ausdruck des Wesens des Menschen. Die Sprache zeigt nun in
ihrer fundamentalen Struktur drei „persönliche Fürwörter", nämlich:
   eine *1. Person* – „Ich"; das meint den *Sprechenden*,
   eine *2. Person* – „Du"; das meint den Andern, zu dem ich spreche, das heißt
den *An-gesprochenen*,
   und eine *3. Person* – „Er, sie, es"; das meint den oder das, worüber gesprochen
wird, und somit den oder das *Mit-Angesprochene(n)*.
   Von daher unterscheidet *Buber* zwei so genannte „Ur-Worte": das Urwort
„*Ich – Du*" und das Urwort „*Ich – Es*". Ersteres wird vom Menschen *mit seinem
ganzen Wesen* gesprochen und ist daher für sein Ich konstitutiv: „*Das Ich wird
es selbst in der Beziehung zum Du.*" Das bedeutet, dass durch den bewußten Ge-
brauch dieses „Urworts" sich die „Identitätsfindung" des Menschen ereignet.
   So kann er *vom Du her sich empfangen*: indem er sich geachtet, verstanden,
geliebt und geborgen – aber auch herausgefordert – erfährt. Und ebenso kann er
zum Du hin sich geben und im Selbstausdruck *frei werden*.
   Sodann betont *Buber* in einem *2. Schritt* seiner Argumentation: Das menschliche „Du" ist *begrenzt*. Durch ein begrenztes Du aber kann man lediglich *in*

---

39 Vgl. die ersten Abschnitte von I,4 über Ehe und Familie mit dem Hinweis auf *Bubers*
    Werk: „Ich und Du", sowie den Aufsatz des *Verf*.: Philosophische Argumente zur
    Existenz Gottes: Plato, Augustinus, Martin Buber, in: Grenzgebiete der Wissenschaft
    63(2014)2, 155–171.

begrenztem Maße geachtet, verstanden und geliebt werden, kann also das Ich *nur begrenzt* zu sich selbst kommen. Daher zielt das Ich wesenhaft *durch alles mitmenschliche Du hindurch* auf das unbegrenzte Du Gottes: Nur *von ihm* ist man ohne Einschränkung verstanden, geliebt, geborgen; und nur *zu ihm hin* kann man sich ganz aussprechen, hingeben, frei werden.

Es folgt ein *3. und letzter Schritt,* der davon ausgeht, dass ein wesenhaftes „Hinstreben auf etwas" nur möglich ist, wenn man sich von diesem angesprochen erfährt. Daher ist die *Bedingung und Grundlage* des Hinstrebens zum absoluten Du, dass *durch alles begrenzte Du hindurch* das absolute Du den Menschen *anspricht* und *zieht,* daß es also *wirkt* und so sich dem Menschen in seiner *Wirklichkeit* bezeugt. So ist das Hinstreben und alles Suchen des Menschen letztlich die „Re-aktion", die Ant-wort auf den An-ruf Gottes.

Damit zeigt das Geschehen zwischen Gott und Mensch eine doppelte „Kreisstruktur": Gott geht aus sich heraus und richtet sich auf den Menschen hin – damit auch der Mensch immer wieder neu zu seinem Schöpfer hin aus sich aufbreche und sich ihm ko-operativ zur Verfügung stelle. Ebenso geht der Mensch durch die Frage nach Gott aus sich heraus und gelangt durch die Gottesberührung tiefer zu sich selbst und zu seiner Identität.

bb) Über die *„mittelbare"* Gottesbegegnung, die durch das „Bild Gottes" in der Dialogizität des Menschen und in der angelegten Ordnung und Schönheit der Natur geschieht, kann eine *„unmittelbare"* Gottesbegegnung hinausführen: aufgrund „mystischer Erfahrung" oder eines „Sprechens Gottes durch ‚Propheten'" – soweit deren Glaubwürdigkeit jeweils ausweisbar ist, auch dadurch, dass sie in ein tieferes Verständnis dessen hineinführen, was schon durch die „mittelbare Gotteserkenntnis" erkannt bzw. erahnt wurde; dies gilt vor allem in bezug auf die Liebe Gottes (vgl. das in den letzten Passagen von II,2,b über das Verhältnis von Auge und Ohr Gesagte). Eine „mittelbare Gotteserkenntnis" kann auch durch auffällige „Schicksalsfügungen" oder „Gebetserhörungen" geschehen oder unterstützt werden; die Sinnhaftigkeit und die Unwahrscheinlichkeit der betreffenden Ereignisse weisen auf eine personale transzendente Macht und Güte hin (vgl. auch die Ausführungen unter II,3,c,cc,ccc: über das „Erfordernis eines hinreichenden Grundes", dort im Zusammenhang mit der „induktiven Methode").

In diesen Erörterungen über die Bedeutung des Liebesgebot in bezug auf das Handeln gegenüber Gott ist auch schon einiges über seine Bedeutung für das Handeln gegenüber der Schöpfung gesagt.

2. Das Handeln gegenüber der eigenen Person

Fragen wir zunächst a) nach den *Grundlagen* dieses Handelns, dann b) nach der Bedeutung des Selbst-Liebesgebots *an der Grenze des natürlichen Todes* und im Falle einer *Unerträglichkeit des Weiterlebens*, und schließlich c) nach den *näheren Inhalten* des Selbst-Liebesgebots.

a) Gottes Liebe zum Menschen als Grundlage der Selbstliebe

Als Erstens ist zu sehen: Meine Liebe zu mir selbst hat ihre *Grundlage* in der Liebe Gottes zu mir. Gottes Liebe zu mir ist *substantiellen* Charakters; denn ihr verdanke ich meine Existenz. Ihr gegenüber ist meine eigene Liebe zu mir etwas nur *Akzidentelles*, Zusätzliches und Zweitrangiges. *Selbstliebe ist* im Grunde *nur ein aktives Mit-Gehen und eine Mit-Wirkung mit der Liebe Gottes zu mir.*

Sie hat ihr konkretes Richtmass und ihre letzte Motivation in der Liebe, die ich von Gott empfange: Ich soll mich lieben, *weil* Gott mich liebt.

Dieses Bewußtsein kann auch eine Hilfe und Orientierung sein bei etwaigen Tendenzen einer Selbstverhaftung oder Selbstüberhebung, oder umgekehrt einer Selbstvernachlässigung oder gar einer Selbstverachtung oder des Selbsthasses; diese können zum Beispiel dann aufkommen, wenn ich eigenes dauerhaftes Versagen gegenüber moralischen Normen oder Leistungszielen erfahre, die ich mir selbst gesetzt habe. In solchen Situationen könnte ich zu mir selbst sagen: „Ich *kann* mich annehmen – auch in meinen Schwächen und Fehlern – weil ich von Gott geliebt werde." Das sollte keineswegs heißen, dass ich nicht an mir zu arbeiten bräuchte, wohl aber kann es mich in einen gewissen Abstand zu mir selbst bringen. Unter Umständen bedeuten genannte Unvollkommenheiten und Übel sogar eine Hilfe auf dem Wege zu einem geläuterten Selbstverhältnis.

Selbstliebe – als ein Bejahen und Festhalten des eigenen Seins – ist ein in Gott gründendes Gebot; sie ist in meiner Natur als Mensch angelegt und ist insofern auch ein notwendiges Faktum. Dies trifft selbst bei Grenzphänomenen zu wie bei Selbstablehnung oder beim Selbstmord: Denn ich verneine mich unter gewissen Umständen (z. B. bei entstellenden Krankheiten) *deshalb*, weil diese meinen Vorstellungen und Wünschen nicht entsprechen – also aus verzweifelnder Selbstliebe, die sich auf ein bestimmtes Ideal richtet.

b) Die Bedeutung der Pflicht zur Selbstliebe für die Situation des Sterbens

Damit stellt sich die Frage nach der *Bedeutung der Selbst-Liebespflicht für die Situation des Sterbens*, wenn dieses durch äußere Umstände bedingt ist oder sich von Natur aus anbahnt; sie hängt zusammen mit der Frage nach dem *„Sinn des Sterbens":*

aa) Zunächst: Es ist anzunehmen, dass der Mensch mit seinem seelisch-geistigen Wesensanteil, dem Sitz des Ich-Bewußtseins, seinen körperlichen Tod überlebt. Denn in dieser Hinsicht ist er nicht aus Teilen aufgebaut, in die er sich auflösen könnte. Wohl beim Gehirn oder bei einem Computer stehen Teileinheiten einander gegenüber, die sich in „Rückkoppelung" gegenseitig bestimmen; aber zum Beispiel „ich als Subjekt" und „ich als Objekt" des Selbstbewußtseins (bzw. der Selbstbestimmung) sind nicht zwei real verschiedene „Teile" in mir, sondern sind identisch.

bb) Ebenso: Nach dem naturwissenschaftlichen „Gesetz der Erhaltung der Energie" gilt, dass Energie bei Veränderungen nie erlischt, sondern sich nur in ihrer Daseinsform ändert. Dehnt man das Gesetz auf die geistige Energie des Ich-Bewußtseins aus, so heißt dies, dass sie sich beim Tode des Menschen in eine leibfreie Existenzform wandelt.

cc) Nach diesen beiden „konstitutions-ontologischen" Gesichtspunkten bietet sich noch ein drittes Argument an, das auf die innere Bewegungsrichtung des Lebens und des Sterbens blickt: Sie folgt den fundamentalen „Sinnwerten", wie Gerechtigkeit, Verständnis, Liebe, die von sich aus keinerlei Begrenzheit besagen und so auf das Unbegrenzte und Göttliche hinweisen (womit auch der oben dargestellte Gedankengang von *Martin Buber* übereinstimmt). So geht die Lebensbewegung von ihrem Ansatz her über die Grenze des Todes hinaus und hin auf eine Vereinigung mit dem „unbegrenzten Du", das hinter den Grenzen von Raum und Zeit auf uns wartet.

Dazu paßt die Erfahrung, dass man umso mehr los-lassen kann und „aus sich herauskommt"[40], als man in die Akzeptanz eines aufnehmenden Du hineingelangt. Somit dürften der *Sinn und die Aufgabe des Sterbens* darin liegen, sich diesem in unserer Natur wurzelnden Geschehen zu über-lassen und in ihm mitzugehen, indem man sich an die göttliche Lebensquelle nun vollends hingibt – als dankende Antwort auf ihren einladenden „Rückruf", in die der Dank für das gesamte geschenkte Leben mit eingeschlossen ist.

So gesehen liegt im *Sinn des Lebens* immer schon eine „Vor-übung des Sterbens" – und im *Sinn des Sterbens* eine „Voll-endung" der Bewegung des Lebens. Das Bewußtsein dieses Zusamenhangs kann Abstand und Nähe zum Leben wie

---

40 Vgl. auch die Erfahrungen eines Ich-Austritts in der Nähe des Todes (letzte Passagen von II,2,d und die Literaturhinweise in der letzten Anmerkung).

zum Sterben vermitteln, und das heißt: eine „aktive Ge-lassenheit" und eine „gelassene Aktivität", die nichts unbedingt „erzwingen" will, sondern bei aller Bereitschaft zum persönlichen Einsatz auf den „rechten Augenblick" (griech.: den Kairós) achtet.

dd) Es ergibt sich allerdings ein *besonderes Problem*, wenn – etwa durch Erkrankung – unerträgliche Schmerzen und ein menschenunwürdiger Zustand entstanden sind: Ist dann ein weiteres Geschehen-Lassen und eine Fortsetzung des Lebens zuzumuten? Zwar wäre die Akzeptanz seiner selbst und die Identifizierung mit sich selbst in seiner Kreatürlichkeit gerade unter solchen Umständen wohl eine hohe sittliche Leistung: Aber wer will sie „als Pflicht" von außen auferlegen? – und wäre dies mit der Idee eines „unendlich barmherzigen Gottes" vereinbar? Gewiss könnte Gott dem Menschen die Kraft eines außerordentlichen Vertrauens – und darin eines Durchtragens – zufließen lassen; doch läßt sich darüber verfügen?

Es könnte sich das Gegenargument erheben: Der Mensch ist nicht autonomer *Besitzer*, sondern nur ein Gott gegenüber verantwortlicher *Verwalter* seines Lebens; er hat deshalb nicht das Recht, es von sich aus zu beenden. Aber ist es nicht denkbar, dass er in seinem Gewissen glaubt, seine Lebensaufgabe bereits erfüllt zu haben und daher nun im Einvernehmen mit dem Willen Gottes zu handeln? Allerdings wäre dabei ein (vielleicht schuldloser) Gewissens-Irrtum nicht auszuschließen. So dürfte allein im Bemühen um eine innere Begegnung mit der Liebe Gottes eine persönliche Lösung zu finden sein.

c) Inhalte des Gebots der Selbstliebe

Damit zeichnen sich bereits *nähere Inhalte* des Gebots der Selbstliebe ab. In systematischer Betrachtung betreffen sie Körper, Seele und Geist. Dazu hier nur einige Impulse:

Pflichten im Hinblick auf die *eigene Körperlichkeit* sind in erster Linie die Pflege der Gesundheit und die Sorge um eine angemessene Ernährung und Bewegung in frischer Luft und einen ausreichenden Schlaf, sowie um einen sinnvollen Wechsel von Anstrengung und Erholung.

Das Gute für die *Seele* umfaßt eine Zeit, die man sich selbst widmet (z. B. für Besinnung und Meditation) und eine Zeit, die man anderen schenkt (z. B. der Familie und der Begegnung mit Freunden). Bei allen Berührungen mit anderen Menschen sollte man darauf achten, wie man dabei sich selbst fühlt und wie man sein Verhältnis zu Gott und zu sich selbst verbessern kann.

Die notwendige Nahrung für den *Geist* besteht in einer grundlegenden Allgemein-Bildung und einer speziellen, zum Beispiel berufsbezogenen Fach-Ausbildung, sowie in regelmäßiger Information über aktuelle Ereignisse.

Wesentlich sind dabei eine nicht starre, sondern lebendige Ordnung, und ein Training auch des Willens.

Tragend für die gesamte Thematk dürfte das Bemühen um einen *Dialog* mit den eigenen Bedürfnissen und Verpflichtungen in allen Bereichen sein.

3. Das Handeln gegenüber den Mitmenschen

Betrachten wir zunächst (a) das innere Verhältnis des Handelns gegenüber der eigenen Person und des Handelns gegenüber dem Mitmenschen, daraufhin (b) den Zusammenhang der Menschenrechte, und an letzter Stelle (c) die Bereiche und Ebenen des mitmenschlichen Handelns in der Begegnung der Kulturen.

a) Das Verhältnis des Handelns gegenüber den Mitmenschen zum Handeln gegenüber der eigenen Person; die Tugenden; der Gewissenskonflikt

aa) Der *Dialog mit der eigenen Person* und *der Dialog mit den Mitmenschen* stehen in einem *Wechselbezug*; in ihn sind beiderlei Verpflichtungen „eingebettet". Ich sollte mich wollen als einen Menschen, der andere liebt, und ich sollte im Handeln gegenüber anderen auch mich nicht aus den Augen verlieren: nicht um einen vordergründigen „Vorteil" zu schöpfen, sondern um dabei ebenso mir selbst etwas Gutes zu tun. So beschreibt die Hinwendung zum Andern eine Art „Kreisbewegung": Sie geht über die Aufmerksamkeit gegenüber der eigenen Person zur andern Person und kehrt von dort bereichert zur eigenen Person zurück.

Dabei darf der Dienst am Andern aber nicht als bloßes „Mittel einer Selbsterweiterung" fungieren; der Andere wird die Absicht seiner „Instrumentalisierung" früher oder später durchschauen und dann gerade nicht bereit sein, die auf ihn gerichtete Erwartung zu erfüllen; der „Wechsel" wird nicht eingelöst. So schadet eine Egozentrik letztlich dem Ego und man tut durch ein aufrichtiges Interesse am Anderen auch sich selbst den größten Gefallen; es gibt nichts „Nützlicheres" als die Ethik – wenn sie echt ist. Darin liegt eine „Dialektik des Egoismus" und eine „Logik der Liebe".[41]

---

41 So wird deutlich, dass „Liebe" – besonders auch „Selbstliebe" – in ihrem Werden Phasen der Negativität durchlaufen kann. Vielfach tritt Selbstliebe zunächst als „Egozentrik" oder gar „Egoismus" in Erscheinung, also in einer Zerrform, einem Zustand der Perversion und partiellen Negation ihrer selbst, um dann durch die Negativitätserfahrung des Scheiterns zur Besinnung zu kommen und so zu sich selbst, zu wahrer Liebe zu finden. Vgl. *Uwe Meixner*, Liebe und Negativität, Münster 2017; siehe auch I,3: Die Liebe als Aufbauprinzip der Seinsordnung.

bb) Hier begegnen die „*Tugenden*", die das Verhältnis zum Mitmenschen regeln und dabei die eigene Person vervollkommnen; damit sind sie im Sinne der Liebe zum Andern und zu sich selbst und nur aus ihrer Kraft heraus zu vollbringen. „Tugend" (eigentlich: „Tüchtigkeit") versteht sich als eine durch Übung erworbene Fähigkeit (oder „Fertigkeit"), als ein „Habitus" und bedeutet ein permanentes Hinströmen des eigenen *Seins* zu anderen Seienden; so gelingt das entsprechende *Handeln* bei jeder Gelegenheit leichter und besser.

Es dreht sich grundlegend um die vier so genannten „*Kardinaltugenden*" (von lat. „cardo", die Angel), in denen die Person gleichsam „schwingt": Klugheit, Gerechtigkeit, Tapferkeit und rechtes Maß. Die ersten beiden betreffen die Seele, soweit sie durch ihre Geistigkeit den Leib überragt; die letzteren betreffen die Seele, soweit sie dem Leib immanent ist, das heißt ihre sinnlichen Potenzen und ihre „Sinnlichkeit" (Sensualität).

aaa) „*Klugheit*" ist die Fähigkeit, jeweils die geeigneten Mittel zum (guten) Ziel zu finden, also z. B. in der Not ein hilfreiches Wort. Sie hat an der „*Weisheit*" teil, der (noch höheren) Fähigkeit, alles gemäß seiner wahren Stellung in der Gesamtwirklichkeit einzuordnen.

bbb) Klugheit ist auch auf „*Gerechtigkeit*" bezogen, nämlich auf die Fähigkeit und Bereitschaft, jedem das zu gben, was ihm zusteht („suum cuique"). Es dürfte aber kaum möglich sein, ein entsprechendes Verhältnis zum Andern aufzubauen, wenn man nicht grundlegend auch sich selbst, seinen eigenen Anlagen und naturgegebenen Bedürfnissen, gerecht zu werden sucht; hier zeigt sich besonders deutlich die innere Zusammengehörigkeit des Du-Verhältnisses und des Selbst-Verhältnisses.

ccc) „*Tapferkeit*" definiert sich als die Kraft, in widrigen Umständen durchzuhalten.

ddd) Sie steht in Zusammenhang mit dem „*rechten Mass*" als dem Vermögen, begrenzte Güter wie soziales Ansehen oder materiellen Besitz weder zu sehr noch zu wenig zu begehren. Auch hier wird deutlich: Die Tugenden, die alle durchwegs eine praktische Ausrichtung auf die Mitmenschen einschließen, sind für die volle Wirklichkeit einer Person „konstitutiv".

cc) Es sind aber noch einige Gesichtspunkte hervorzuheben, die sich auf scheinbare *Konfliktfälle* beziehen:

aaa) Das Erfordernis, tugendhaft zu handeln, ist wohl allgemein ohne weiteres einsichtig – nicht jedoch seine konkrete Bedeutung in jedem Einzelfall. Um in einem Beispiel zu sprechen: Wenn jemand in der NS-Zeit einen rassisch verfolgten Menschen in seiner Wohnung versteckt hält und von einem SS-Schergen danach befragt wird, so hat er die Wahl: Entweder er gibt wahrheitsgemäß Auskunft, – dann bringt er den betreffenden Menschen in Gefahr; oder aber er sucht den Menschen zu schützen, – dann muß er die Wahrheit verleugnen. Im ersteren Falle scheint er gegen die Pflicht zur Liebe zu verstoßen, im letzteren gegen die Pflicht zur Wahrhaftigkeit.

Aber das *Dilemma* besteht nur scheinbar: Denn der Scherge hat im gegebenen Fall *kein Recht*, die Wahrheit zu erfahren und es liegt bei einer Falsch-Auskunft kein *moralisches* Übel vor. Es ist also bei der Beurteilung von angeblichen „Pflichten" stets nach ihrem *Bezug zur Liebe* als dem höchsten Wert zu fragen.

Ein weiteres Beispiel für einen in der Weise lösbaren Gewissenskonflikt wäre die Frage einer der Amputation eines von einer Krebserkrankung befallenen Körpergliedes, sofern andernfalls der Tod des Patienten droht.

bbb) Allgemein gilt: Die Zulassung oder Zufügung eines Übels (wie hier: einer Verletzung der Wahrheit oder des Körpers) ist moralisch erlaubt oder gar geboten, wenn es sich dabei offenkundig 1. um das relativ geringere Übel handelt und 2. um den einzig möglichen Weg, ein noch größeres Übel zu verhindern.

ccc) In diesem Zusammenhang ist nochmals auf die „Tugend der Wahrhaftigkeit" zurückzukommen, die – wie schon deutlich wurde – der Gerechtigkeit und der Liebe untergeordnet ist. Normalerweise, das heißt, wenn kein besonderer Gegengrund vorliegt (wie unserem ersten obigen Beispiel), ist Wahrhaftigkeit eine *Pflicht der Liebe sowohl gegenüber dem Mitmenschen als auch gegenüber sich selbst.* Denn der Mensch lebt in der Sprache (vgl. *Martin Buber*). Der Sinn der Sprache aber ist es, das Seiende in seinem Sein auszusagen, das heißt die Wahrheit zur Geltung zu bringen. Also ist der Mensch sowohl als Sprechender als auch als Hörender auf die „Wahrheit" angelegt. Das *was* man sagt, sollte unbedingt der eigenen Wahrheitsüberzeugung entsprechen; aber die Weise, *wie* man es sagt, sollte von der Achtung gegenüber dem Andern getragen sein.

Also: Der *Inhalt* des Gesprochenen hat der Wahrheit folgen, die *Form* der Liebe. Wenn man, um die Form nicht zu verletzen und auf jeden Fall den Frieden zu wahren, seine Überzeugung unterdrückt, oder wenn man, um der Wahrheit zur Herrschaft zu verhelfen, sie ohne jegliche Rücksicht auf den Hörenden sagt, dient man weder dem Andern noch sich selbst noch auch der Wahrheit. „Wahrhaftigkeit" besagt nicht, dass man alles was man denkt auch ausspricht – es gibt auch das „beredte Schweigen" –, sondern dass hinter dem was man sagt, die eigene Überzeugung steht.

ddd) Dabei ist bewußt zu machen, *daß man Wahrheit nie unmittelbar und zur Gänze besitzt, sondern immer nur gemäß der eigenen Aufffassungsweise*, die begrenzt und möglicherweise sogar von Irrtum betroffen ist.

Deshalb gehört zu einem ernsthaften Dialog wesentlich *die Bereitschaft, sich in der eigenen Meinung von anderen betreffen und ergänzen und gegebenenfalls auch korrigieren zu lassen.* Dies wird umso leichter gelingen, als der Dialog und die Auseinandersetzung in einer Atmosphäre der Offenheit und der gegenseitigen Achtung stattfinden.

b) Die Menschenrechte

Hier begegnen uns die so genannten *„Menschenrechte"*, die für ein angemessenes Verständnis von „Liebe als Prinzip des mitmenschlichen Handelns" von großer Bedeutung sind.

aa) Zunächst zu Begriff und Begründung: Dem Recht des Einen entspricht die Pflicht des Andern, dem gegenüber das Recht gilt, zum Beispiel: Das Recht des A, von B etwas zu bekommen, entspricht die Pflicht von B, dieses ihm zu geben; dabei können sich die Rollen laufend vertauschen. Somit kann man ebenso wie von „Menschenrechten" auch von „Menschenpflichten" sprechen.

Unter „Menschenrecht" – auch „Naturrecht" – versteht man ein Recht, das dem Menschen nicht erst durch „staatliche Gewährung" (also durch Gesetzgebung) oder durch gesellschaftliche Sitte und Gewöhnung, sondern schon aufgrund seiner menschlichen Natur, seines Mensch-seins, zukommt. Sie sind nichts Anderes als eine Entfaltung der „Menschenwürde", die nach dem „Grundgesetz für die Bundesrepublik Deutschland" (GG), Art. 1 „unantastbar" ist.[42]

---

42 Dabei ist die „Uantastbarkeit" der Menschenwürde in einem doppelten Sinne zu verstehen: „Die Menschenwürde *soll* bzw. *darf* nicht angetastet werden", und: „Die Menschenwürde *kann* nicht angetastet werden". Im ersteren Falle meint sie einen *Wesensverhalt*: „Jedem Menschen, auch dem Verbrecher, kommt aufgrund seines Menschseins Würde und Achtung zu", im letzteren Falle meint sie einen *Zustand* oder *Habitus*: „Der Lasterhafte, der sein Menschsein verunstaltet, hat keine Menschenwürde und verdient deshalb nicht, geachtet zu werden". Beide Verständnismöglichkeiten sind im Gesetzestext nicht klar unterschieden; in der vom Christentum geprägten europäischen Tradition liegt die erstere zugrunde (denn zum Beispiel auch der Verbrecher ist nicht ohne ordnungsgemäßes Gerichtsverfahren zu verurteilen), in der vor-christlichen jedoch die letztere („Der Mensch ist nur im Maße seiner Tugenden zu achten") und ebenso eindeutig in der islamischen (Der „Gotteslästerer" und der „Frauenschänder" gelten als öffentlich „geächtet"). - Vgl. vom *Verf.*: „Die Aufgabe des Staates als Förderer von Sinnwerten. Eine philosophische Betrachtung", in: ders., Dialogik – Analogie – Trinität,

Die Menschenwürde und die Menschenrechte gelten un-bedingt. Eine un-bedingte *Geltung* kann aber nur in einem un-bedingtem *Seienden* gründen, das heißt letztlich in Gott. Dem entspricht die biblische Aussage von einer „Eben-bildlichkeit" des menschlichen Seins im Verhältnis zum Sein Gottes, vgl. den Schöpfungsbericht in Gen. 1,16 f., wonach Gott den Menschen „nach seinem Bilde" schuf.

Die Menschenrechte gruppieren sich seit ihrer klassischen Fomulierung in der Französischen Revolution um *drei Wert-Ideen*: „Freiheit, „Gleichheit", „Brüderlichkeit" (oder „Solidarität"). Dabei war man sich allerdings ihrer Herkunft aus der christlichen Vorstellung des Drei-einen Gottes als Urbild des Menschen nicht mehr bewußt: „Freiheit" weist hin auf die 1. göttliche Person in ihrer Anfangs- und Ursprungsmacht; „Gleichheit" auf die 2. Person, die in Wesen und Würde der 1. „gleich" ist; und „Brüderlichkeit" oder „Solidarität" auf die 3. Person, die die Einheit der ersten beiden Personen vollendet.

bb) Im Zuge einer näheren Ausformulierung der Menschenrechte in der Geschichte waren wichtige Marksteine: die „Allgemeine Erklärung der Menschenrechte" (1948), bes. Art. 1 und 3; die „Europäische Konvention zum Schutze der Menschenrechte und Grundfreiheiten" (19590), bes. Art. 9 (1950); und das „Grundgesetz der Bundesrepublik Deutschland" (GG) (1949).

Auf die Wert-Idee der *Freiheit* ist im GG der Art. 2 bezogen (wobei auch besonders ein „Recht auf Leben und körperliche Unversehrtheit" erwähnt wird); zur Ergänzung siehe auch GG Art. 5 (Freiheit der Kunst und der Wissenschaft, Meinungs- und Pressefreiheit; dabei wird hervorgehoben: „Diese Rechte finden ihre Schranken… in den gesetzlichen Bestimmungen zum Schutze der Jugend und dem Recht auf persönliche Ehre").

Die Wert-Idee der *Gleichheit* kommt in Art. 3 des GG zur Geltung („Gleichheit aller Menschen vor dem Gesetz"; genannt sind hier ausdrücklich auch: Gleichberechtigung der Geschlechter, der Rassen, sowie der religiösen und politischen Anschauungen);

Die Wert-Idee der *Brüderlichkeit* und *Solidarität* ist ausgedrückt in GG Art. 6, wobei es u. a. heißt: „(1) Ehe und Familie stehen unter dem besonderen Schutz der staatlichen Ordnung. (2) Pflege und Erziehung sind das natürliche Recht der Eltern und die zuvörderst ihnen obliegende Pflicht…".

---

a a O (siehe Schlußanmerkung von Teil I), bes.: S. 710, Anm. 7; auch: *Reinhold Zippelius*, Allgemeine Staatslehre, München 12. Aufl. 1994, S. 331.

cc) Eine brisante Situation entsteht, wenn Menschenrechte in Kollision kommen, z. B. im Falle von „pornogaphischen Darstellungen" das Recht auf Freiheit (der Presse oder des Films) mit dem Recht auf Brüderlichkeit und Solidarität (das heißt hier: dem Recht der Kinder und Jugendlichen auf Schutz in ihrer Entwicklung). Zur Lösung des Konflikts muß ein Abgleich der Ansprüche und bei einer Seite ein Verzicht auf die Realisierung erfolgen. Es zeigt sich wiederum: Die verschiedenen Menschenrechte bestehen nicht unabhängig voneinander, sondern stets im Bezug zu einem umgreifenden Ganzen, das heißt in concreto: im Maße ihres Dienstes an der Liebe.

Alle Rechte und Pflichten sind letztlich auf die Liebe bezogen. Denn beiden ist gemeinsam die Ausrichtung auf die Verwirklichung des Guten. Das Unterscheidende liegt darin, dass es sich bei den Rechten bzw. Pflichten um das *notwendige* Gute handelt, welches für den „Bestand und Fortbestand des Seienden" unerläßlich ist, während die Liebe von sich aus keine Grenze hätte. Aber wenn z. B. Eltern ihrem Kinde nur dasjenige Mass an Ausbildung zuteil werden lassen wollen, zu dem sie juridisch verpflichtet sind und wenn sie nicht die Bereitschaft aufbringen, auf seine Bitte auch darüber hinauszugehen, so werden sie dem Kinde nicht einmal das geben können, worauf es Rechtsanspruch hat; es fehlt nämlich am Entscheidenden: an Liebe.

Dadurch würden letztlich auch sie selbst beschenkt werden: weit über das hinaus, was sie in ihrer Enge festhalten.[43]

c) Die Begegnung der Kulturen

Dieser Tiefe des mit-menschlichen Handelns entspricht die Weite seiner *Bereiche* und *Ebenen* in der Begegnung der Kulturen.

Zunächst fällt der Blick auf den *„Nahbereich"*: den Umkreis der Ehe und Familie, der Freunde und Bekannten und der Heimat (vgl. I,4 und I,5). Er stand auch bei unseren bisherigen Betrachtungen unter (a) und (b) im Vordergrund.

Aber fast ebenso bedeutungsvoll – zumindest heute und in Zukunft, im Zeitalter der ‚Technik', worauf z. B. *Hans Jonas* hinweist (vgl. unsere Einleitung) – ist

---

43 Ein tragendes Moment und Kriterium wahrer Liebe ist ihre „Lauterkeit". Vgl. dazu *Friedrich Voßkühler*: „Ich – Du – Wir. Liebe als zwischenmenschliche Wahrhaftigkeit? Eine philosophische Erkundung in elf Durchgängen", Würzburg 2017. Er versteht „Liebe" primär als „die jeweilige Sorge zweier Menschen um den Anderen, damit dieser werden könne, was er seiner Möglichkeit nach ist" und kommt zu dem Ergebnis, dass die „Wahrhaftigkeit der Liebe" eine elementare Voraussetzung gelingender Mitmenschlichkeit bzw. Zwischenmenschlichkeit ist.

der „*Fernbereich*". Das bedeutet vor allem eine aktive *Begegnung der Kulturen der Welt.*

aa) Der Begriff „Kultur": Versteht man unter „Natur" die Wirklichkeit (vor allem: die Wirklichkeit in Raum und Zeit), die der freien Tätigkeit des menschlichen Geistes voraus- und zugrunde liegt, so ist „*Kultur*" (von lat. „colere", pflegen) die durch den menschlichen Geist veränderte und weiterentwickelte Natur, also das Werk des Geistes in Auseinandersetzung mit der Natur. Dabei re-agiert und antwortet er auf die Herausforderungen der Natur und drückt er sich selbst aus. Je nach der Weise, wie das geschieht, unterscheidet man verschiedene Kulturen, die eine jeweils andere Daseinsweise menschlichen Seins bedeuten. Sie sind abhängig von der zugrunde liegenden Natur (wie der Beschaffenheit der Erdoberfläche und dem Klima). Diese hat auf sie einen *disponierenden*, aber *nicht absolut determinierenden* Einfluß; sonst wäre Kultur nur ein „Sekundärphänomen" von Landschaft und Klima, und für Freiheit und Verantwortung des Geistes gäbe es keinen Raum.

Die Vielfalt der Kulturen beinhaltet die Chance und wohl auch die Aufgabe einer gegenseitigen Ergänzung und einer Weiterentwicklung des Menschseins durch den Dialog; darin liegt möglicherweise sogar der „Sinn" kultureller Vielfalt. Die Evolution der Kulturen stünde dann in einer gewissen Parallele zur Evolution der Natur, in der die einander entgegengesetzten Geschlechter entstanden sind, damit durch „Fort-pflanzung" das Leben sich erhalte und weiter verwirkliche.[44]

---

44 Vgl. den letzten Absatz von I,3 und die letzte Anm. von I,5. – Nach der Vision des Naturwissenschaftlers (Paläontologen) und Theologen *Teilhard de Chardin* – der neben *Lamarck* und *Darwin* zu den bedeutendsten Evolutionstheoretikern gezählt wird – zielt die Evolution über den Status des heutigen Menschen hinaus zu einem kosmischen „Mega-Bewusstsein", in dem die Menschen sich wie Zellen in einem übergreifenden Organismus verhalten. Sie werden dabei in ihrem verschiedenen individuellen Ich sowohl geachtet und auseinandergehalten als auch verbunden – durch die Kraft der Liebe. Das vielleicht deutlichste Beispiel für den beginnenden Wandel der Menschheit zu einem „Groß-Organismus" ist die weltweite Vernetzung der Wissenschaften, bei der es kaum noch eine Rolle spielt, zu welcher Kultur oder Nation die einzelnen Wissenschaftler gehören. – Vgl. die Werke von *Teilhard de Chardin*: Le Phénomène Humain, Paris 1955, dt.: Der Mensch im Kosmos, München 7. Aufl. 1964; Le Groupe Zoologique Humain, Paris 1956, dt.: Die Entstehung des Menschen, München 3. Aufl. 1963; und: L'Avenir de l'Homme, Paris 1958, dt.: Die Zukunft des Menschen, Olten 1963. - Dazu vom *Verf.*: Christlicher Glaube auf naturwissenschaftlicher Grundlage? Schöpfung und Evolution nach Teilhard de Chardin, in: *Ders.*: Dialogik – Analogie – Trinität, a a O, S. 441–456.

Wenn aber eine auf Ergänzung und auf das Gute gerichtete Handlung das Kennzeichen von „Liebe" ist, so geht die Tendenz der Geschichte mit der Differentiation und Integration der Kulturen auf die Ermöglichung und Veranlassung von mehr und mehr Liebe. Dabei meint „Liebe" nicht notwendigerweise eine jeweils persönlich erlebte Hinneigung; sondern das Entscheidende ist ein Seinsgeschehen, das tiefer wurzelt als jede bewußte Absicht von Einzelnen und das über sie hinausgeht.

Wir schildern zunächst (bb) die Kultur Europas in ihrer inneren Differenziertheit und ihrer Ausdehnung nach Amerika. Sie ist eingebettet in den anschließend (cc) zu betrachtenden mundanen Gegensatz der „westlichen" (das heißt: der europäisch-amerikanischen) und der „südlichen" und „östlichen" (genauer: der afro-asiatischen) Kultursphäre.

bb) Geographisch ist *Europa* ein Kontinent, der wie eine „Halbinsel" im Westen Asiens liegt und an den sich nach Süden über das Mittelmeer Afrika anschließt. Dieser relativ kleine Erdteil hat sich zu einem bedeutsamen „*Kulturraum*" entwickelt. Das heißt: *Seine Menschen bilden in den Formen ihres Denkens und Empfindens und in den Formen ihres Ausdrucks (z. B. in den Sprachen) einen gewissen geistigen Zusammenhang, der eine gemeinsame Geschichte hat und eine weltbestimmende Kraft entfaltete.* Dieser Erdteil wird mit dem Namen einer mythologischen Gestalt bezeichnet, der eine besondere Fruchtbarkeit zugeschrieben wird.

Dabei ist eine bestimmte *Entsprechung seiner „Kultur" zu der zugrunde liegenden „Natur"* nicht zu verkennen. Gegenüber dem afrikanisch-asiatischen Festlandblock, der von riesigen Dimensionen ist und gewaltige Gegensätze umfasst, und der ein von Monsunen und Passaten bestimmtes Großraumklima aufweist, verfügt der europäische Kontinent über eine relativ fein differenzierte Landbeschaffenheit und ein moderates Klima. Dies disponiert zu einem geistigen Habitus differenzierenden und ordnenden Denkens.

aaa) Dieser Habitus manifestiert sich durchgehend bei allen geographischen Bereichen Eurpas gemeinsam in zwei Hauptmerkmalen: nämlich einem spezifischen Verhältnis zur Natur und zum Mitmenschen.

So sind auf dem Boden europäischer Rationalität die *Wissenschaften und die Technik* entstanden, durch welche *die Natur objektiviert, analysiert und dominiert* werden soll, – während man im afro-asiatischen Bereich ursprünglicher dazu neigt, die Einheit von Mensch und Kosmos zu betonen und sich in ihren geistig erfahrenen Sinnzusammenhang zu integrieren; der Lebensakzent liegt dort nicht auf „rationaler Beherrschung und Meisterung der Natur", sondern auf „intuitiver Balance in der Ganzheit des Seins".

Auf der Ebene des *sozialen* *Bezugs* hat abendländische Mentaliät wesentlich zu einer rationalen Formulierung von „Allgemeinen Menschenrechten" geführt, welche den einzelnen Menschen in seinen Rechten und Pflichten gegenüber den andern und gegenüber der Gemeinschaft genau bestimmen und abgrenzen. Dabei ist interessant, dass von den in der „Französichen Revolution" aufgestellten drei Wertideen: „Freiheit, Gleichheit, Brüderlichkeit" die beiden ersten, die auf die Verschiedenheit und Pluralität der individuellen Personen abheben, in der europäischen Geschichte kämpferisch betont wurden, während die dritte, die sich auf ihre Einheit bezieht, mehr im Hintergrund blieb.

Dabei ist deutlich: Beide Hauptmerkmale der europäischen Kultur, das Streben nach Herrschaft über die Natur durch Wissenschaft und Technik, und die Herausstellung von menschlichen Grundrechten durch eine unverfügbare Menschen-Würde, haben ihre letzte Grundlage in der christlichen Auffassung des Menschen als „Ebenbild" Gottes; diese ging damit als konstitutives Prinzip in die europäische Kultur ein.

bbb) Trotz dieser wesentlichen Gemeinsamkeiten weist der europäische Kulturraum auch erhebliche Unterschiede auf, die zu den naturalen und klimatischen Verhältnissen in deutlichen Entsprechungen stehen.

Die *nördlichen* Regionen mit ihrem härteren Klima verlangen ein anderes Verhältnis zur Natur als die südlichen, die von der Sonne begünstigt sind. So gab der Norden Anlass zur Entwicklung eines *abstrakt distanzierten Denkens* (z. B. in einer rein formalen Wissenschaftstheorie und Ethik), das die Natur optimal zu beherrschen und die Zukunft verantwortlich zu planen erlaubt, während der *Süden* eher Gelegenheit für *konkretes Denken* bietet, das sich den unmittelbaren Gegebenheiten hingibt. Entsprechend genießen dort die *ökonomischen*, hier die *ästhetischen Werte* eine größere Bedeutung.

Als profilierte Vertreter dieser Denkweisen könnten *Immanuel Kant* und *Max Scheler* genannt werden: Ersterer vertritt eine „formales Pflichtethik", die sich z. B. in seinem „Kategorische Imperativ" ausdrückt. Dieser scheibt lediglich vor, man solle „allgemeingültig" handeln, so dass man von jedem Menschen in derselben Situation erwarten dürfe, ebenso zu handeln; worin dieses Handeln aber inhaltlich besteht, bleibt dabei unbestimmt. Dem gegenüber stellt *Scheler* eine „materiale Wertethik" auf, indem er grundlegende Wertinhalte beschreibt, wie z. B. Liebe und Freundschaft. *Kant* ist „typischer" für den Norden, *Scheler* für den Süden. Beide sind im Sine eines „polaren Ergänzungs-Gegensatzes" zu sehen.

Dies könnte für unsere Sicht der „Liebe als Prinzip des Handelns" erhellend sein: Nord und Süd stellen gegenseitig sowohl eine Herausforderung dar, in der Beurteilung der Dinge die eigenen Grenzen deutlicher zu sehen, als auch eine positive Möglichkeit, einander mit den eigenen Vorzügen anzuregen und zu beschenken. Wenn man „Liebe" grundlegend als *Ausrichtung auf das Gute* versteht, so ist sie der *„allgemein gültige inhaltliche Wert"*, der jeweils situationsgerecht zu konkretisieren ist. Sie ist gewissermaßen der „geistige Raum" fortwährender fruchtbarer Begegnung.

Ähnlich wie der Nord-Süd-Gegensatz, so blieb auch der *Ost-West-Unterschied in Europa* nicht ohne Einfluss auf die Kulturentwicklung. Dabei wirkten griechische Philosophie und römisches Rechtsdenken prägend mit, und zeitweise auch eine „dialektische Integrationskraft" Deutschlands, das an der Schnittlinie von Nord und Süd sowie von Ost und West im Herzen Europas liegt; von daher könnte man *das kulturelle Wesen Europas* und *seine besondere Aufgabe in der Welt* als eine *„Vermittlung von Gegensätzen"* bezeichnen.

So bedeutet Europa eine dynamische Einheit kultureller Gegensätze, wobei die Geographie eine bedeutsame Rolle spielt. Auf dieser Basis konnten in der Geschichte die Entscheidungen fallen und die Wertvorstellungen wachsen, die Europa kulturell kennzeichnen.

ccc) Mit seiner geistigen Potenz, die Wirklichkeit rational zu bestimmen und gewissermaßen „be-grifflich in den Griff zu nehmen", griff Europa auch auf andere Kontinente aus, vor allem auf *Amerika*, das so zunächst als die *„Neue Welt Europas"* verstanden wurde – als ein zweites, in neue Dimensionen ausgeweitetes Europa. Dabei reduplizierte sich die angel-sächsische und nord-europäische Kultur vor allem im *Norden Amerikas*, das heißt in Kanada und in den USA, die lateinische und süd-europäische aber im *südlichen Teil Amerikas*, dem so genannten „Latein-Amerika", das sich auf México, Zentral- und Südamerika erstreckt. Sie gehören in gewisser Weise kulturell zu Europa, denn *in ihnen spricht man europäisch:* im Norden englisch, im Süden spanisch und portugiesisch. So umfaßte die kulturelle Einheit *„Groß-Europa"* nun geographisch eine „Alte" und eine „Neue Welt".

Doch durch die Begegnung mit den dort vorgefundenen anderen naturalen und kulturellen Verhältnissen stand und steht die importierte europäische Kultur unter der Forderung, sich zu wandeln. Die in Nord- und Südamerika etablierten Afrikaner, Nachfahren der Negersklaven, repräsentieren ein anderes Verhältnis zur Natur, zum Menschen und zum Göttlichen, das nicht auf den sich bemächtigenden Zugriff, sondern auf unmittelbare „rhythmische Partizipation" angelegt ist. Ähnlich sind die vor allem in Latein-Amerika verbreiteten Indios, die Abkömmlinge von Einwanderern aus Asien, Zeugen einer Lebensweise, die in einer gewissen „kontemplativen Einheit" mit der Wirklichkeit „ruht". Zwar sind durch Nichtachtung, Unterwerfung und Ausbeutung – Perversionen

europäischer Kultur – die Angehörigen afrikanischer und asiatischer Kultur-
kreise teilweise menschlich entfremdet; doch es geschieht auch eine Transzen-
dierung der Grenzen traditoneller europäischer Kultur und eine Kreation neuer
kultureller Identitäten. Diese wirken zum Teil innovativ auf das „Alte Europa"
zurück – wie auf den Gebieten der Kunst, z. B. der Architektur, und im Verländ-
nis des Christentums, das dort erdbezogener ist, z. B. im Marienkult. Maria wird
nun nicht mehr nur als Individuum aufgefaßt, wie in Europa, sondern als das
„personale Zentrum" der Natur und der Schöpfung – gleichsam „Nachfahrin"
der „Pacha Mama", der „Erdgöttin" im alten Mythos der Indios, oder auch der
„Tonantzin", der Göttin des Grundnahrungsmittels Mais.[45]

In diesem Zusammenhang fällt noch eine andere Spannung in der europäischen Kultur ins Gewicht: der *Gegensatz von spanischer und potugiesischer Mentalität* auf der iberischen Halbinsel. Die spanische ist „härter", „trockener" und
stärker transzendenzbezogen, die portugiesische weicher und eher horizontal
orientiert – wie es sich z. B. in der Baukunst und in der Sprache ausdrückt (vgl.
span. „Pensión" mit portugies. „Pensao").

Dies wirkt sich auch auf ihre süd-amerikanische Extensionen aus: Die Eman-
zipation von Europa geschah bei den Ländern spanischer Zunge durchwegs ge-
waltsam und kriegerisch, bei dem potugiesisch sprechenden Brasilien hingegen
auf mehr diplomatischem Wege. Ebenso neigen die „spanischen" Länder (und
auch die USA!) eher zu einer Konfrontation der Rassen und zu einer Abwertung
der farbigen gegenüber der weißen Rasse; in Brasilien hingegen sind alle Rassen
absolut gleichgestellt und es werden sogar Kulturelemente aus afrikanischen und
asiatischen Traditionen „integriert" (vgl. z. B. „Macumba-Riten" und Praktiken
der „Heilung aus geistigen und transzendenten Kräften").

So bildet „Groß-Europa" mit seiner „alten" und seiner „neuen Welt" ein un-
ermeßliches kultur-kreatives Potential, das der Liebe als dem „Prinzip des mit-
menschlichen Handelns" ganz neue Perspektiven eröffnet: Möglichkeiten des
Sich-Öffnens und des Sich-Ausweitens im Aufnehmen und Empfangen, wie
auch Möglichkeiten des Gebens und des Sich-Wagens (vgl. auch Teil II: Liebe als
Prinzip des Erkennens).

Das europäische spannungs-geladene Kulturpotential ist eingebettet in
den noch essentielleren und ursprünglicheren Gegensatz der westlichen (also

---

45 Vgl. *Richard Nebel*, Santa Maria Tonantzin. Virgen de Guadalupe. Religiöse Kontinuität
und Transformation in México, in: Neue Zeitschr. für Missionswissenschaft, Suppl. 40,
Immensee 1992; vom *Verf.*: Maria – unser Zugang zur „weiblichen Dimension" Gottes?
Eine philosophisch-theologische Reflexion, in: *Ders.*: Dialogik – Analogie – Trinität,
a a O, S. 499–515.

europäisch-amerikanischen) und der südlich-östlichen (das heißt: der afro-asiatischen) Kultursphäre, der nun zu betrachten ist.

cc) Beim Versuch eines Verständnisses des umgreifenden *Gegensatzes der Kulturkontinente,* das heißt *der westlichen, europäisch-amerikanischen und der südlichen und östlichen, der afro-asiatischen Hemisphäre,* wollen wir zunächst *(aaa)* das Gemeinsame und dann *(bbb)* das Unterscheidende des Afrikanischen und des Asiatischen ins Auge fassen; dabei ist jedesmal zunächst der geographische Unterschied zu beachten. Von daher kommen abschließend *(ccc)* noch Stufen einer kreativen Kultubegegnung inden Blick.

aaa) Es wurde schon darauf hingewiesen (vgl. den 2. Abschnitt von bb), dass Europa eine relativ fein differenzierte Landbeschaffenheit zeigt; sie ist markiert durch zahlreiche Gebirge, Seen und Flüsse mittleren Ausmaßes, und bestimmt durch ein moderates Klima. Dem gegenüber stellt sich das afro-asiatische Gebiet als ein riesiger Festlandblock dar, erfüllt von nicht minder gewaltigen Gegensätzen und bestimmt durch ein kontinentübergreifendes, kontrastreiches Großraum-Klima, das von Monsunen und Passatwinden beherrscht wird.

Ersteres disponiert zu einem unterscheidenden und ordnenden Denken, das sich in bezug auf die Natur in der Entwicklung der Wissenschaften und der Technik manifestiert hat, und in bezug auf das menschliche Zusammenleben in der Formulierung von Rechten und Pflichten des Einzelnen (unter Betonung des Wertes seiner „Freiheit"). Das Letztere begünstigt eine Geisteshaltung, die den Zusammenhang aller Menschen (und ihre „Brüderlichkeit" und „Solidarität"), sowie die Einheit von Mensch und Kosmos hervorkehrt. Das Eine erstrebt eine Domination des Menschen durch rationale Beherrschung der Wirklichkeit, das Andere eine Integration des Menschen in die Harmonie des Ganzen. Man könnte den Gegensatz auf die Formel bringen: Das europäische Bewußtsein betont *die Verschiedenheit und Vielfalt des Seienden;* dagegen steht im Bewußtsein der Menschen in Afrika und in Asien *die Einheit des Seins* im Vordergrund. Dazu drei Beispiele:

Das erste Beispiel, das auf der sozialen und politischen Ebene spielt, bezieht sich auf den *Islam,* der aus Nord-Afrika und West-Aien stammt. Wie bekannt, veröffentlichte vor Jahren ein Journalist in Dänemark eine Karrikatur, in der der Prophet Mohammed verunglimpft wurde. Islamische Staaten verlangten vom dänischen Staat, er möge sich dafür entschuldigen – was dieser zurückwies, da er für das Verhalten seiner Bürger nicht verantwortlich sei. Dies wollte man von islamischer Seite jedoch nicht akzeptieren; denn der Einzelne gilt dort als bloßes Glied der umfassenden Gesellschaft, von deren Gesinnung er total determiniert werde.

Das zweite Beispiel[46] bezieht sich auf einen Vorfall, wonach eines Tages der *japanische Botschafter* in Bonn seine deutsche Sekretärin mit der Nachricht überraschte, seine Frau habe in Japan von ihm jetzt einen Sohn bekommen. Die Sekretärin stellte zweifelnd fest, er sei ja mehr als ein Jahr nicht mehr zuhause gewesen – worauf der Botschafter erwiderte, sein Bruder habe dort *seine Stelle* vetreten, und so handle sich selbstverständlich um *seinen* Sohn. Also: Der individuelle Unterschied zwischen ihm und seinem Bruder tritt gegenüber dem Stellenwert und der Funktion innerhalb des Ganzen völlig zurück.

Als drittes Beispiel möge der kulturtypisch verschiedene *Ansatz der Medizin* dienen. Ist der Mensch z. B. an der Leber oder am Herzen erkrankt, so richtet westliche Medizin ihre Aufmerksamkeit primär auf das betreffende Organ und versucht kausal-analytisch die einzelnen Elemente der defekten Struktur und Funktion zu bestimmen und sie durch medikamentöse Beeinflussung oder durch chirurgischen Eingriff, d. h. eine organzentrierte Maßnahme, in eine andere und erwünschtere Proportion zu bringen. Dem gegenüber sieht die afrikanische Medizin die Erkrankung von vornherein ganzheitlich und rät dem Patienten, zunächst sich im Gewissen zu fragen, ob man es am notwendigen Respekt gegenüber der Natur, den Mitmenschen und sich selbst habe fehlen lassen, um so evtl. die Kanäle zu reinigen, durch welche die Lebenskraft aus der göttlichen Quelle zufließen kann. Ähnlich ist nach asiatischer Auffassung die Harmonie mit dem Ganzen zu überprüfen und zu stärken; dabei kommt nach indischer Tradition, z. B. im Ayurveda, der äußeren Natur (wie bestimmten Kristallen und Kräutern) besondere Heilkraft zu, während nach chinesischer und tibetischer Überlieferung das innere Gleichgewicht im Vordergrund steht (wie bei Methoden des Qigong oder der Akupunktur).[47]

---

46 Es wird berichtet von dem Kulturtheoretiker und Asienexperten *Jean Gebser:* Asien lächelt anders. Ein Beitrag zum Verständnis östlicher Wesensart, Berlin – Frankfurt/M. – Wien, 1968; *ders.*: Ursprung und Gegenwart, 2 Bde. Stuttgart 1953. - Vgl. ferner: *Walter Schubart*: Europa und die Seele des Ostens, Luzern 3. Aufl. 1943.

47 *Zum afrikanischen Ansatz*: *John S. Mbiti*, Afrikanische Religion und Weltanschauung, Berlin – New York, 1974; *Joseph M. Nyasani*, Unity in traditional african society and the Status of the Individual, in: E. Schadel, U. Voigt (Hssg.), Sein – Erkennen – Handeln. Interkulturelle, ontologische und ethische Perspektiven. Fetschrift für Heinrich Beck zum 65. Geburtstag, Frankfurt/M. u a 1994; *Clement M. P. Oniang'o*, The rlation of nature, time and individuality as the fundament of the African concept of harmony and peacc, in: Heinrich Beck (Hsg.), Kreativer Friede durch Begegnung der Weltkulturen, ebd. 1995. *Zum asiatischen Ansatz*: *Cyrill v. Korvin-Krasinski*, Tibetische Medizin-Philosophie, Zürich 2. Aufl. 1964; *Hans – Peter Hasenfratz,* Der indische Weg. Die

So sind beide Seiten, die europäisch-amerikanische und die afro-asiatische Kultursphäre, dazu berufen, sich gegenseitig zu ergänzen und im Zusammenwirken eine lebendige Ordnung der Wirklichkeit herzustellen, die „*Einheit in der Verschiedenheit*" und „*Verschiedenheit in der Einheit*" bedeutet und bei der jedes Einzelne innerhalb des Ganzen seinen Ort und seine Aufgabe hat. Ohne die kritische und hilfreiche Partnerschaft der entsprechenden Gegenseite drohte für die Menschheit die Gefahr, entweder in einer Überbetonung der Verschiedenheit, das heißt in einem absoluten weltanschaulichen *Pluralismus* auseinander zu fallen, oder aber in einer ausschließlichen Sicht der Einheit, also in einem absoluten *Monismus* unterzugehen, wobei der Einzelne völlig in den Hintergrund tritt.[48]

Dies bedeutet eine interkulturelle Chance – und Herausforderung! – zur mitmenschlichen Liebe: den Angehörigen der anderen Hemisphäre gemäß den eigenen Stärken zu geben und von ihnen im Hinblick auf die eigenen Schwächen zu empfangen.

bbb) Ein *spezifischer Unterschied zwischen afrikanischer und asiatischer Geistigkeit* mag *in der Weise* liegen, *wie* die Einheit des Seins erlebt und gesucht wird. Hier könnte wiederum die Beschaffenheit der Natur dispositiv wirksam sein: Vergleichsweise zeigt die Erdformation im afrikanischen Kontinent eher einhüllende Übergänge, im asiatischen mehr schroffe Gegensätze. Entsprechend geht in *afrikanischer Kultur* der lebendige Geist gewissermaßen in die Materie und in die Natur hinein und „erfüllt" sie – man denke z. B. an typische Ausdrucksformen in der Musik, im Tanz und im Drama; hier will der Geist „Inkarnation". In *asiatischer Kultu*r hingegen zieht er sich deutlich aus der Materie zurück, indem er sie zu übersteigen, ja zu überwinden sucht. Dies drückt sich z. B. in der „ruhigen Einheit" der Meditation aus, durch die *im Abstand* die Harmonie mit der Natur, den Mitmenschen und dem Göttlichen erlebt wird. (Diese Haltung entspricht von Haus aus mehr asiatischer als europäischer Geistigkeit, selbst wenn Meditation heute de facto mehr in Europa als in Asien geübt werden sollte; sie wird hier dann nach rationalem Plan und Willen eingesetzt, in Asien aber ist sie eher ein unmittelbares Lebenselement.)

Ein anderes Beispiel ist die bevorzugte *Form der Kulturüberlieferung:* In *Afrika* geschieht sie durch die *mündliche* Tradition, die vom lebendigen Wort, dem

---

Spiritualität eines Kontinents, Freiburg/Br. 1994; *Ram Adher Mall, Heinz Hülsmann,* Die drei Geburtsorte der Philosophie: China – Indien – Europa, Mainz 1989.

48 Vgl. zum Zusammenhang und zum Folgenden den Hinweis auf die kulturphilosophsichen Schriften des *Verfassers* in der letzten Anmerkung von I,5.

unmittelbaren Lebensausdruck der weitervermittelnden Generationen getragen wird, wodurch diese sich immer wieder neu „einzeugen"; in *Asien* aber herrscht die *schriftliche* Tradition, die gegenüber den weiteren „intermediären" Generationen einen gewissen „Eigenstand" zeigt.

Zusammenfassend: Gegenüber dem *europäischen* Geist, der das Viele und Begrenzte rational zu de-finieren und in seiner Verschiedenheit in den Griff zu nehmen sucht, betont der *afrikanische* und der *asiatische* Geist die Einheit des Zusammenhangs. Der *afrikanische* Geist sucht diese Einheit i n der Vielheit der in Raum und Zeit ausgebreiteten materiellen Dinge, die von ihrer geistigen Einheit erfüllt, bewegt und durchlebt sind; der *asiatische* Geist hingegen sucht sie j e n s e i t s ihrer und im Abstand zu ihnen.

Sucht man *diese signifikanten Unterschiede „onto-hermeneutisch" zu erfassen*, so kann ein schon mehrfach erwähntes „*triadisches*" oder „*dialektisches*" *Verständnis der Wirklichkeit* zu Hilfe kommen. Zum Beispiel nach *Georg Friedrich W. Hegel* strukturiert sich die Wirklichkeit im Sinne des *Dreischritts: These, Antithese, Synthese*.[49] Bei Anwendung auf das Verhältnis der Kulturen zur Natur und auf ihr Verhältnis zueinander fungierte die *Natur* – das heißt das unmittelbar der Erfahrung gegebene Sein der materiellen Natur in Raum und Zeit – gewissermaßen als die „*These*". Zu ihr verhält sich die *europäische* Kultur als „*Anti-these*", da sie aus dem Naturzusammenhang heraus- und ihm gegenübertritt. Dies einmal in einem *positiven Sinne*, indem sie die Natur zu ihrem Gegenstande macht, um sich ihr bewußt und verantwortlich zuzuwenden; dann aber auch in einem *negativen Sinne*, soweit sie sich der Natur entfremdet und sich ihr gegenüber aggresiv und zerstörerisch verhält. Vom *afro-asiatischen* Kulturbereich kann aufgrund seines Einheits-Bewußtseins eine Anregung zu einer „*Synthese*" ausgehen, also einer Rück-Verbindung der europäischen Kultur mit der Natur (wobei allerdings auch die negativen und zersetzenden Aspekte der europäischen Kultur noch nicht entsprechend „aufgefangen" sind und weiterhin sich auswirken).

Nach *Hegel* sind These und Antithese in der Synthese „aufgehoben". Im Hinblick darauf verhalten sich afrikanische und asiatische Kultur in ihren synthetischen Kräften verschieden: In *afrikanischer* Kultur ergibt sich die Einheit des Lebens, indem der Geist in der materiellen Natur erströmt (im Sinne

---

49 Vgl. *G.F.W. Hegel*, Logik; auch vom *Verf.*: Der Akt-Charakter des Seins, a a O. - Der Dreischritt bei Hegel hat eine gewisse Entsprechung zu den Trinitätsauffassungen der Gottheit im Hinduismus und im Christentum. Er leitet sich historisch vor allem von der letzteren her und versucht, sie „auf den Begriff" zu bringen und sogar logisch abzuleiten; in bezug auf die (Drei-)Personalität Gottes bleibt er allerdings unzulänglich. Vgl. I,5.

unmittelbarer Teilhabe oder, wie man sagt, „eidetischer Identifikation" mit der Natur); insofern akzentuiert sie den Hervorgang der „Synthese" aus der „These". In *asiatischer* Kultur hingegen ergibt sich die geistige Einheit mit der Natur mehr aus distanzierter Partnerschaft; insofern akzentuiert sie den Hervorgang der „Synthese" aus der (im positiven Sinne verstandenen) „Antithese".

So profilieren sich für die „*interkulturelle Dimension der Liebe*", für ein gegenseitiges Empfangen und Geben und für eine Annäherung und Integration der Weltkulturen *folgende Konditionen*:

1. Der dynamische „*europäische Geist*" kann – ohne seine spezifische Fähigkeit rationaler Distanzierung zu verlieren! – etwas von afro-asiatischer Sensibilität für spirituelle Harmonie empfangen, die gespeist ist ebenso von afrikanisch-vitaler Unmittelbarkeit wie von asiatisch-abgehobener Gelasseneit. Denn erst so führte der rationale Abstand nicht zu einer Entfremdung, sondern erreichte er vielmehr seinen vollen ontologischen Sinn, indem er nun eine umso ausdrücklichere, d. h. bewußtere, differenziertere und freiere Entscheidung für die Einheit ermöglicht. Je weiter der Geist sich heraushebt und der Wirklichkeit gegenübertritt, desto tiefer kann er in sie hineingelangen!
2. Der in unmittelbarer Partizipation, ja Identifikation lebende „*afrikanische Geist*" kann – ohne seine vitale Vewurzelung in der Einheit zu verlieren – etwas empfangen von europäisch-rationaler und von asiatisch-spiritueller Distanz zu den Dingen. So erst würde afrikanische Lebenskraft ihre volle Auswirkung und Fruchtbarkeit erfahren und ihre im Konzert der Kulturen unverzichtbare Form finden.
3. Entsprechend kann der „*asiatische Geist* der distanzierten Einheit und Gelassenheit" durch die Rezeption und Integration mentaler europäischer Einflüsse sich zu einer gezielten *aktiven* Gelassenheit entwickeln, und aus afrikanischer Quelle Impulse zu einer *naturalen Substantiierung* und *konkret engagierten Einbindung des Lebensvollzugs* schöpfen.

So liegt im Wagnis einer essentiellen Öffnung zum Partner für jede Kultur die Chance, die je eigene Identität tiefer zu er-gründen und zu verwirklichen.

ccc) Die „Kreativität" einer so in Gang kommenden Kulturbegegnung könnte sich in zwei legitimen Formen oder „Stufen" ereignen: (1.) als wesentliche Weiterentwicklung der bisherigen Kultur, und (2.) als Synthese von traditionellen Kulturen zu einer neuen kulturellen Identität.

(1.) Indem die Partner in gegenseitigem Respekt sich einander aussetzen, können sie sich wechselseitig beeinflussen und sich so einander annähern (das heißt genauer: „an-ähnlichen"). Zum Beispiel können in asiatischen Kulturen durch

Aufnahme europäischer Einflüsse gewisse Fähigkeiten der rationalen Differenzierung und technischen Dominierung angesprochen werden, die dort zwar weniger ausgeprägt, aber gleichfalls angelegt sind. So würden jene Länder „im Durchgang durch europäische Mentalität" *ihre eigene kulturelle Identität* nicht nur bewahren, sondern *noch tiefer entdecken und weiterentwickeln* – nun in ausdrücklicher Beziehung zu Europa. Entsprechendes gilt mutatis mutandis auch für den europäischen Habitus. Oder durch den Anblick von Exponaten afrikanischer Kunst in Europa könnte hier eine essentielle Erweiterung der Wirklichkeitssicht angeregt werden.

Eine „Transplantation" von Struktureinheiten einer Kultur bedeutet allerdings eine „*Verfremdung*": sowohl für die betreffenden Kulturelemente als auch für die neue Kultur, in die sie „implantiert" werden und in die sie so zunächst nicht passen. Aber gerade dadurch können – auf beiden Seiten! – kulturelle Potenzen freigelegt, angereizt und aktiviert werden, die bisher verborgen waren. Durch sie wird das Implantat in die aufnehmende Kultur „transformiert" – ähnlich wie bei der Ernährung und Verdauung die aufgenommenen Substanzen in den aufnehmenden Organismus „hineinverwandelt" werden.[50]

(2.) Ein weiterer Schritt in der Kulturbegegnung kann sich ereignen, wenn durch solche gegenseitige Annährung „kreative Sprünge kultureller Evolution" vorbereitet und ausgelöst werden, indem sich neue kulturelle Identitäten konstituieren, die sich nicht als bloße Veränderung oder „Weiterentwicklung" der bisherigen verstehen lassen. So betrachten sich beispielsweise Japaner, wie mir der japanische Botschafter in Buenos Aires bei Gelegenheit eines dortigen inter-kulturellen wissenschaftlichen Kongresses erklärte, nicht als „Asiaten, die sich europäische Wissenschaft und Technik angeeignet haben", auch nicht als „Europäer auf asiatischem Boden", sondern sie verkörpern eine „neue kulturelle Qualität", die aus dem Material der alten Kulturen entsprungen ist – ähnlich wie auf biologischer Ebene das Kind nicht lediglich eine Fortsetzung und neue Kombination der Ich-Identitäten seines Vaters und seiner Mutter, sondern ein neues unteilbares „Ich" darstellt.

---

50 Vgl. die Theorie eines „Konstruktiven Realismus", das heißt einer für die Kunst, die Wissenschaften und die Religion „*produktiven* Verfremdung", bei *Friedrich G. Wallner:* Konstruktion und Verfremdung. Von der Wirklichkeit zur Realität (hsg. zus. mit *Barbara Agnese.* Symposium am Josef Matthias Hauer – Konservatorium der Stadt Wiener Neustadt vom 15.–17. Juni 1998), Wien 1999; darin auch den Beitrag des *Verf.*: Metaphysische Implikationen im Konstruktiven Realismus, S. 1–14. (Unter „Wirklichkeit" versteht *Wallner* das Seiende, wie es von sich aus ist; unter „Realität" versteht er das Seiende, wie es durch unser Aufnahmevermögen von uns „konstruiert" wird und für uns real ist.)

In ganzheitlicher Betrachtung tendiert der kluturelle Weltprozess heute auf eine gegenseitige Durchdringung der traditionellen Kulturen gleich einem chemischen Gemisch generativer Elemente, und „unter dem Druck der Umstände" scheint vielfach ein „kreativer Sprung der Evolution" anzustehen. In den neuen kulturellen Identitäten sind dann die alten Kulturen in einem dreifachen Hegel'schen Sinne „aufgehoben": 1. in ihren für die Fortexistenz der Menschheit unverzichtbaren positiven Eigenschaften „aufbewahrt", 2. in negativen und defizitären Aspekten aber überwunden und so 3. „zu einer integraleren Menschlichkeit emporgewandelt". Es scheint, dass aufgrund der globalen Vernetzung der Menschheit eine Zukunft nur so möglich ist.

Die europäische Kultur mit ihren Potenzen einer rationalen Strukturierung des Geschehens und ihren Vorstellungen zur Würde der menschlichen Person hat inzwischen alle Teile der Menschheit „durchtränkt"; so könnte ihr für das Gelingen dieses „Geburtsprozesses" eine vermittelnde „mäeutische Funktion" zukommen. Damit würde sie ihren Namen, der an „geistige Fruchtbarkeit" appelliert, aktuell einlösen.

Eine Bewährungsprobe steht möglicherweise mit einer Integration der islamisch dominierten Türkei in die „Europäische Union" (EU) an: Einerseits erscheint die islamische Gesellschaft infolge einer mangelnden Anerkennung der Menschenrechte (das heißt: der Gleichberechtigung der Geschlechter und der religiösen Selbstbestimmung) nur begrenzt demokratiefähig; andererseits aber könnte auch die EU, die mit dem Verzicht auf den Gottbezug in der Präambel ihrer Verfassung die ontologische Fundierung der Menschenwürde und Menschenrechte verlassen hat, durch die eindeutige theozentrische Orientierung des Islams einen herausfordernden Impuls bekommen (obwohl sich z. Zt. politisch-terroristische Bewegungen breit machen, die den Islam als Religion verzerren, wie der so genannte „Islamische Staat").

So bestätigt sich die Auffassung des englischen Historikers und Geschichtsphilosophen *Arnold Toynbee*: Jede geschichtliche Situation bedeutet eine Frage an die Menschheit, durch deren Beantwortung sie über ihre Zukunft selbst entscheidet.[51]

---

51 Zur weiteren Erläuterung: *Uwe Voigt (Hsg.)*: Die Menschenrechte im interkulturellen Dialog (Internat. wiss. Symposium an der Universität Bamberg unter der Schirmherrschaft der Europäischen Akademie der Wissenschaften und Künste in honorem Heinrich Beck), Frankfurt/M. u a 1998; *Erwin Schadel (Hsg.)*: Johann Amos Comenius – Vordenker eines kreativen Friedens (Deutsch – tschechisches Kolloquíum an der Universität Bamberg anläßlich des 75. Geburtstags von Heinrich Beck), Frankfurt/ M. u a 2005; vom *Verf.*: Zur Iedee eines kreativen Dialogs von Christentum und Islam,

4. Das Handeln gegenüber der Natur

Das Thema unseres III. Teils, die Liebe als Prinzip des Handelns, gliedert sich nach den 4 Gegenstandsbereichen des Handelns: 1. das Handeln in bezug auf Gott, 2. das Handeln in bezug auf die eigene Person, 3. das Handeln in bezug auf die Mitmenschen, und 4. das Handeln in bezug auf die Natur. Nach Betrachtung der drei ersten steht nun der vierte an.

Wie in unserer „Einleitung" beschrieben, fordert bereits *Hans Jonas* in seinem Buch: „Das Prinzip Verantwortung" eine neue Zuwendung zur Natur – im Hinblick auf die steigende Bedrohung des Lebens aufgrund des rasanten Wachstums der Technik mit ihrem auch „destruktiven Potential". Dabei erhebt sich die Frage: Gilt diese Forderung nur um des Menschen willen, weil die Natur seine Daseinsgrundlage ist? Hat die Natur letztlich nur als „Nutzwert für den Menschen" Bedeutung? Diese Frage gliedert sich in zwei Teilfragen: (a): Läßt sich eine „*Sinnwert*" der Natur erkennen, der über ihren „Nutzwert" hinausgeht?, und (b): Wie sieht eine entsprechende „*geistige Beziehung*" zur Natur aus?

a) Die Natur als „Sinnwert"

Hat die „Natur" in sich selbst einen „Sinnwert"? Die Antwort soll mit Erfahrungsberichten beginnen, bei denen auch der „typische Unterschied" im Naturverhältnis des Europäers und des Asiaten deutlich wird:

aa) Nach einem religions- und kulturphilosophischen Vortrag an der Universität in Jodhpur/Indien, das nahe der pakistanischen Grenze gelegen ist, lud man mich ein, auch die landwirtschaftliche Fakultät zu besuchen. Dort wurden im Zuge eines vergleichenden Experiments die Studenten verpflichtet, jeden Morgen in einer „Gebetsmeditation" die Bedürfnisse einer Gruppe von Pflanzen zu erkunden und diesen zu „dienen". Es stellte sich heraus, dass *diejenigen* Gewächse, die *um ihrer selbst willen* und in Dankbarkeit für ihre Schönheit gepflegt wurden, weit besser gediehen und erheblich höhere Erträge erbrachten als die anderen, die man nur als *Nutzwerte für den Menschen* betrachtete. Anschließend ergab sich eine philosophische Diskussion darüber, ob die „europäische Haltung eines anthropozentrischen Egoismus" nicht gerade dem Menschen und seinem Ego *schade* und das „christliche Liebesgebot" nicht auch auf die „untermenschliche Natur" ausgedehnt werden müsse. Dabei ging es um ein *spirituelles Verhältnis zur Natur* und um eine „*dialogische Partnerschaft*" mit ihr, bei dem die Natur als

---

in: Aufgang. Jahrbuch für Denken, Dichten, Kunst 13(2016)172-184; vgl. ferner die Hinweise auf kulturphilosophische Schriften in der letzten Anm. von I,5.

„empfängliches und antwortendes *Sinngebilde*" zur Geltung kommt oder sogar als dem Menschen „ebenbürtig" erachtet wird. In der Klärung dieser Zusammenhänge könnte eine besondere Aufgabe für interkulturelle (Religions-)Philosophie und Pädagogik liegen.

bb) Den „ganzheitlichen Charakter" indischer Rationalität konnte ich auf Kongressen in Jaipur und in Udaipur studieren, die als Begegnung von indischen und deutschen Philosophen konzipiert waren und in diesem Sinne ein echtes „indogermanisches Ereignis" darstellten. Dabei wurde betont, dass nach der europäischen Logik seit *Aristoteles* und auch nach der modernen mathematischen Logik die „Gesetze des richtigen Denkens" (wie das Erfordernis „widerspruchsfreier Stimmigkeit der Sätze unter sich" und ihrer „hinreichenden Begründung") unabhängig von der Erfahrung rein in sich selbst einsichtig sind (vgl. auch II,3,c,bb, ccc und ddd). So ermöglichen sie die „Meisterung der Natur" und eine „Autonomie des Menschen". Dem gegenüber tritt nach indischer philosophischer Tradition das richtige Denken nicht aus der Erfahrung heraus und ihr gegenüber, um sie zu „meistern", sondern bleibt als die „innere Ordnung einer geistigen Erfahrung" in diese eingebettet; dabei steht als eine „Komponente des rationalen Denkens" das Bewußtsein im Hintergrund, dass der Mensch sich nicht über die Natur erheben darf, sondern sich selbst zu verstehen hat als *dienenden Teil im Ganzen der Wirklichkeit*, das unbedingt zu achten ist – letztlich, weil ihm das Göttliche innewohnt.

cc) Ich suchte in meinen Beiträgen die beiden entgegengesetzten Positionen im Sinne eines „kreativen Friedens" miteinander zu vermitteln, indem ich dafür eintrat, dass *einerseits* eine relative Beherrschung und Nutzung der Natur, besonders in unserem technischen Zeitalter, unbedingt notwendig sei und wohl auch im Sinne einer „ganzheitlichen Auffassung der Wirklichkeit" liege, – *andererseits* aber das Verhalten des Menschen von einem „grundsätzlichen Respekt gegenüber dem Seienden" getragen sein müsse und nur im „unvermeidlichen Grenzfalle" Verletzungen der Natur als das im Verhältnis „geringere Übel" in Kauf zu nehmen seien. Ein solcher „Grenzfall" könnte gegeben sein, wenn z. B. der Arzt ein Körperglied amputieren muss, um den Gesamtorganismus zu retten, oder wenn die Rodung eines Waldes unumgänglich erscheint, um eine wichtige Autostrasse zu bauen.

Also: Zwischen einem „*anthropo-zentrischen*" Wirklichkeitsverhältnis, bei dem die Natur auf den Menschen bezogen wird, und einem „*kosmo-zentrischen*" Seinsverständnis, das den Menschen ausschließlich natur-immanent sieht, ist die Mitte in einer „*onto-zentrischen*" Haltung zu suchen, gemäß der alles nach seiner „Seinshöhe", seinem Rang im Ganzen des Seienden, einzuordnen und zu lieben ist. Die Liebe und Bejahung richtet sich auf das Sein als solches – und damit auf alles Seiende, soweit es das Sein verkörpert oder am Sein teilhat, das heißt: auf

Gott ohne Einschränkung, und auf das Kontingente in begrenzter und abgestufter Weise.

b) Das Erfordernis einer geistigen Beziehung des Menschen zur Natur

Wie sieht nun aber in concreto die entsprechende geistige Beziehung zur Natur aus? Sie muß *die in der Natur angelegte Stufenordnung des Seienden* zu *verinnerlichen* und mit ihr *dialogisch* in Kontakt zu kommen und *mitzugehen* suchen.

Die Naturordnung ist nichts Starres und Statisches; sie zeigt sich vielmehr in einer zirkulären Seins- und Lebensbewegung, die in der Evolution der Welt von der kosmischen Materie über das vegetative Leben der Pflanze, das sinnliche Vermögen des Tieres und das geistige Bewußtsein des Menschen in ihrer Vollkommenheit ansteigt (vgl. auch I,1):

aa) Die *kosmische Materie* besteht nach den Ergebnissen der Physik ursprünglich in Form von sich ausbreitender Lichtenergie, wobei der „Weltraum" mit einer „Urexplosion" begann und sich seitdem in einer sich beschleunigenden Expansion befindet. In Proportion zu ihrer räumlichen Ausdehnung bildet sich aus der Lichtenergie „Masse", die in den Raum hineingeht und ihn „erfüllt", zunächst in Form von Wasserstoff und Helium, dann in Form von schwereren Elementen, und schließlich von größeren Körpern, Gestirnen und Galaxien.

Damit ergibt sich: Die kosmische Materie existiert als „Bewegung aus sich heraus und in sich hinein", oder als „Schwingung auseinander – zusammen".

bb) Entsprechendes ereignet sich bei der *Pflanze*: Indem sie aus einer anfänglichen Samenzelle sich entfaltet und aus sich herausgeht, bezieht sie sich auf ihre Umwelt. Findet sie mit ihren Wurzeln im Boden die notwendigen Nährsalze, und mit ihren Blättern in der Atmosphäre genügend Sauerstoff, so bewegt sie sich mit ihrer Lebenskraft zu sich zurück und „voll-kommener" in sich hinein.

Diese Kreisbewegung ist in eine noch umfassendere aufgenommen: Mit der „Fort-pflanzung" geht die individuelle Pflanze über sich hinaus und dient sie der weiteren Erhaltung und Ent-faltung der Art, wie sie auch selbst von anderen her entstanden ist.

cc) Auf einer noch höheren Ebene und noch vollkommener ereignet sich dieser Kreisgang des Lebens beim *Tier*, das mit sinnlichem Bewußtsein ausgestattet ist. Wenn etwa ein Fuchs einem Hasen nachjagt, so geht er mit seinen Sinnen aus sich heraus und zur Beute hin, von der er durch den Jagderfolg reicher zu sich zurückkehren möchte.

dd) Beim *Menschen* vollzieht sich das Geschehen des Hervortretens und Wieder-Hineingehens in geistiger Bewußtheit. Mit seiner geistigen Erkenntnisfähigkeit bewegt er sich über die sinnenfällige Erscheinung der Dinge hinaus und fragend und urteilend auf das zugrunde liegende Sein hin; er ist von Haus aus unbegrenzt seins-offen. Auf dieser Grundlage kann er sich willentlich dem Seienden zuwenden und bejahend in es hineingehen (vgl. II,3,a,aa). So überragt er durch seinen Geist die materielle Natur und kann er sich ihr umso tiefer ver-antwortlich zuwenden.

Dabei ist der dynamische Weltbezug des Menschen durch seine *Leib-Seele-Konstitution* mitbestimmt. Das seelisch-geistige Innere richtet sich durch den leiblichen Ausdruck in die Welt hinaus und die Welt kommt über die sinnlich-körperliche Wahrnehmung in das Innere des Menschen herein; der menschliche Seinsakt ist gleichsam ein Schwingen von innen nach außen und von außen nach innen. Ähnliches gilt auch schon für die Tiere und Pflanzen.

Durch seine physische Natur ist der Mensch wie die höheren Pflanzen und die Tiere in den Kreislauf der *Fortpflanzung* einbezogen, die sich durch die *Sexualiät* vermittelt; beim Menschen eignet ihr aber aufgrund seines Geistes eine persönliche Intimität, Würde und Verantwortung.[52]

ee) So ist abschließend noch die *Sexualität* in ihrer triadischen Anlage wahrzunhemen; sie zeigt nämlich in sich selbst wiederum die rhythmische Struktur des Aus-sich-Heraus- und In-sich-Hineingehens. Dies gilt in dreifacher Hinsicht: 1. Das Leben tritt in den Geschlechter-Gegensatz des Männlichen und des Weiblichen aus sich heraus und aus-ein-ander, um dann durch deren Zusmmenkunft im Zeugungsakt neu und vermehrt in sich hineinzuströmen. Dabei betont – 2. – der männliche Pol in seiner leiblichen Ausprägung mehr die Extremitäten, der weibliche hingegen die Leibesmitte. Und 3.: In der geschlechtlichen Begegnung geht der erstere aus sich heraus und der letztere nimmt in sich hinein auf.

Damit enthüllt sich im Stufengefüge von Materie, Pflanze, Tier und Mensch eine *dynamisch-rhythmische Sinnordnung*, in die der Mensch sich „geistig einwurzeln" kann. Er könnte sich bewußt machen, dass auch er selbst ihr angehört, sie dadurch in sich zur Wirkung kommen lassen und im Mitvollzug Kraft schöpfen; so würde er im „vielstimmigen Lobgesang des Kosmos" seinen Part übernehmen.

---

52 Vgl. *Heinrich Beck, Arnulf Rieber*: Anthropologie und Ethik der Sexualität. Zur ideologischen Auseinandersetzung um körperliche Liebe, München – Salzburg 1982, bes: Polarität der Geschlechter S. 268–273; und vom *Verf.*: Philosophische Bemerkungen zum Begriff ‚Ehe' unter dem Aspekt der Ganzheit, in: Aufgang. Jahrbuch für Denken, Dichten, Kunst 14(2017)205–207.

Konklusion

In unserem Durchgang durch die Bereiche des Seins, des Erkennens und des Handelns hat sich die „Liebe" als umfassendes Prinzip erwiesen: als hervorbringende, bewegende und verbindende Kraft und als Richtmass. Dabei profilierte sich schrittweise der Begriff der „Liebe" in seinem grundsätzlichen Sinn und in seinen konkreten Gestalten. Er zeigte sich als notwendige und fruchtbare Antwort auf die Probleme und Herausforderungen der Zeit.

So kann eine Besinnung auf das „Prinzip Liebe" selbst zu einem Prinzip für ihren Vollzug werden.

Bibliographie

Anaximenes, in: Hermann Diels, Fragmente der Vorsokratiker, hsg. von W. Kranz, 8. Aufl. 1957;

André, Hans, Vom Sinnreich des Lebens – Eine Ontologie gläubiger Wurzelfassung 1952,

– Wunderbare Wirklichkeit – Majestät des Seins 1955,

– Annäherung durch Abstand – Der Begegnungsweg der Schöpfung 1956;

Aristoteles, Metaphysik (= spätere Bezeichnung der Schriften zur „Ersten Philosophie"),

– Über die Seele,

– Nikomachische Ethik,

– Eudemische Ethik,

– Politik;

Augustinus, De Civitate Dei (Über das Reich Gottes),

– De Trinitate (Über die göttl. Trinität),

– De Immortalitate Animae (Über die Unsterblichkeit der Seele);

Beck, Heinrich, Der Akt-Charakter des Seins. Eine spekulative Weiterführung der Seinslehre Thomas v. Aquins aus einer Anregung durch das dialektische Prinzip Hegels 2. erg. Aufl. 2001,

– Kulturphilosophie der Technik. Perspektiven zu Technik – Menschheit – Zukunft 2. Aufl. 1979,

– Kreativer Friede durch Begegnung der Weltkulturen (zus. mit *Gisela Schmirber*) 1995,

– Natürliche Theologie. Grundriss philosophischer Gotteserkenntnis 2. Aufl. 1988,

– Anthropologie und Ethik der Sexualität. Zur ideologischen Auseinandersetzung um körperliche Liebe (zus. mit *Arnulf Rieber*) 1982,

– Dialogik – Analogie – Trinität (Beiträge und Aufsätze) 2009,

– Dimensionen der Wirklichkeit. Argumente zur Ontologie und Metaphysik 2004,

– Episoden und das Ganze. Werden einer philosophischen Existenz. Autobiographisches 2012,

– Ek-in-sistenz. Positionen und Transformationen der Existenzphilosophie 1989;

Bender, Hans, Telepathie, Hellsehen und Psychokinese 1972;

Bloch, Ernst, Das Prinzip Hoffnung 1954;

Buber, Martin, Ich und Du 1923;

– Das dialogische Prinzip 1973;

Comenius, Jan Amos, Umfassende Beratung über die Verbesserung der menschlichen Angelegenheiten, orig.: De rerum humanarum emendatione Consultatio Catolica. Editio Princeps, moderante Otokar Chlup. T I/II, Pragae 1966;

Conrad-Martius, Hedwig, Das Sein 1957 (onto-phänomenologisch);

Coreth, Emerich, Metaphysik. Eine methodisch-systematische Grundlegung 2. Aufl. 1964;

Descartes, René, Discours de la méthode 1641,

– Principia philosophiae 1644;

Driesch, Hans, Parapsychologie 1943;

Ehrenfels, Ch. v., Gestaltqualitäten (Viertelj.schr. f wiss. Philosophie) 1980;

Gebser, Jean, Ursprung und Gegenwart (2 Bde.) 1953,

– Asien lächelt anders. Ein Beitrag zum Verständnis östlicher Wesensart 1968;

Hasenfratz, Hans – Peter, Der indische Weg. Die Spiritualität eines Kontinents 1994;

Hegel, Georg F. W., Phänomenologie des Geistes 1807,

– Wissenschaft der Logik 1812/16,

– Enzyklopädie der phil. Wissenschaften 1817;

Heinen, W., Liebe als sittliche Grundkraft 1958;

Heraklit, Fragm. 93 (Hermann Diels, Fragmente der Vorsokratiker, hrsg. von W. Kranz 8. Aufl. 1957);

Jonas, Hans, Das Prinzip Verantwortung, Versuch einer Ethik für die technische Zivilisation 1979;

Jünger, Ernst, Annäherungen. Droge und Rausch 1970;

Kant, Immanuel, Kritik der reinen (theoretischen) Vernunft 1781,

– Grundlegung zur Metaphysik der Sitten 1785,

– Kritik der praktischen Vernunft 1788,

– Die Religion innerhalb der Grenzen der bloßen Vernunft 1793,

– Die Metaphysik der Sitten 1797;

Kierkegaard, Sören, Entweder oder, in: Ges. Werke 1950;

Korvin-Krasinski, Cyrill v., Tibetische Medizin-Philosophie 2. Aufl. 1964;

Lersch, Philipp, Vom Wesen der Geschlechter 4. Aufl. 1968;

López Quintás, Alfonso, Estética de la creatividad. Juego, Arte, Literatura (dt.: Ästhetik der Kreativität. Spiel, Kunst, Litteratur) 1977,

– Estética musical. El poder formativo de la música, dt.: Musikästhetik (oder: musikalische Ästhetik). Die Bildungsmacht der Musik 2005;

Lorenz, Konrad, Das sogenannte Böse. Zur Naturgeschichte der Aggression 1998;

Lotz, Johann Baptist, Das Urteil und das Sein 1957;

Mall, Ram Adher und *Hülsmann, Heinz,* Die drei Geburtsorte der Philosophie: China, – Indien – Europa 1989;

Maréchal, Joseph, Le point de départ de la métaphysique 5 Bde, 1.–3. Bd. 3. Aufl.1944, 4.Bd. 1947, 5.Bd. 2.Aufl. 1949 (Verbindung von Thomas v. Aquin und Kant);

Meixner, Uwe, Liebe und Negativität 2017;

Mbiti, John S., Afrikanische Religion und Weltanschauung 1974;

Mohammed, Der Koran;

Moody, Raymond, Life after Life 1975, dt. u d T: Leben nach dem Tod, mit einem Vorwort von *Elisabeth Kübler – Ross* 1977;

Nebel, Richard, Santa Maria Tonantzin. Virgen de Guadaloupe. Religiöse Kontinuität und Transformation in México 1992;

Ortega y Gasset, José, Über die Liebe 1951;

Pannikar, Raimon und Dürr, Hans-Peter, Liebe – Urquell des Lebens 2017;

Pascal, Blaise, Pensées sur la religion 1669;

Plato, Symposion (über Eros und Schönheit),

– Der Staat,

– Phaidon (über Unsterblichkeit),

– Nomoi (Gesetze);

Rumpf, Michael (Hsg.), Klassische Texte zur Ehe 2010;

Schadel, Erwin, Ganzheitliches Denken 1996,

– Sehendes Herz (cor oculatum) – zu einem Emblem des späten Comenius. Prämodernes Seinsverständnis als Impuls für integrale konzipierte Postmoderne 2003,

– Musik als Trinitätssymbol. Einführung in harmonikale Metaphysik 1995,

– Kants „tantalischer Schmertz". Versuch einer konstruktiven Kritizismus-Kritik in ontotriadischer Perspektive 1998,

– Trinität als Archetyp? Erläuterungen zu C. G. Jung, Hegel und Augustinus. (Darin bes.: Sein, Erkennen, Lieben. Grundzüge einer ganzheitlichen Kommunikationstheorie im Ausgang von Augustinischer Trinitätsspekulation) 2008;

Scheler, Max, Der Formalismus in der Ethik und die materiale Wertethik (Auseinandersetzung mit Kant) 1913 – 16,

- Wesen und Formen der Sympathie 5. Aufl 1948,
- Liebe und Erkenntnis Ndr. 1955;

Schiller, Friedrich, Über Armut und Würde (gegen Kants Härte der Pflichtidee);

Schubart, Walter, Europa und die Seele des Ostens 3. Aufl. 1943;

Seubert, Harald, Ästhetik: Die Frage nach dem Schönen 2015,

- Zwischen Religion und Vernunft. Vermessung eines Terrains 2013;

Sextus empiricus, Gegen die Dogmatiker (klass. Skeptizismus);

Siewerth, Gustav, Metaphysik der Kindheit 2. Aufl. 1963,

- Wort und Bild 1952,
- Die Sinne und das Wort 1956;

Stein, Edith, Endliches und ewiges Sein. Versuch eines Aufstiegs zum Sinn des Seins 2006;

Teilhard de Chardin, Pierre, Le Phénomène Humain 1955 (dt.: Der Mensch im Kosmos 7. Aufl. 1964),

- Le groupe Zoologique Humain 1956 (dt.: Die Entstehung des Menschen 3. Aufl. 1963),
- L'Avenir de l'Homme 1958 (dt.: Die Zukunft des Menschen 1963);

Thomas v. Aquin, Summa theologiae (S.theol.),

- Summa contra gentiles (S.gent.),
- Quaestiones disputatae de veritate (Ver.),
- Quaestiones disputatae de potentia (Pot.),
- In libros physicorum (Kommentar zur aristotel. Schrift „Physik" (Phys.);

Voigt, Uwe (Hsg.), Die Menschenrechte im interkulturellen Dialog 1998;

Voßkühler, Friedrich, Ich – Du - Wir. Liebe als zwischenmenschliche Wahrhaftigkeit? Eine philosophische Erkundung in 12 Durchgängen 2017;

Wallner, Friedrich (hsg. zus. mit *Barbara Agnese),* Konstruktion und Verfremdung. Von der Wirklichkeit zur Realität (Symposium über den „Konstruktiven Realismus") 1999;

Wenzl, Aloys, Philosophie der Freiheit, I: Metaphysik, II: Ethik 1947/49;

Wust, Peter, Dialektik des Geistes 1928,

- Ungewißheit und Wagnis, 7. Aufl. 1962;

Zippelius, Reinhold, Allgemeine Staatslehre 12. Aufl. 1994.

www.ingramcontent.com/pod-product-compliance
Lightning Source LLC
Chambersburg PA
CBHW030248100426

42812CB00002B/363